CÓMO LIDERAN LOS MEJORES LÍDERES

BRIAN TRACY

CÓMO
LIDERAN
LOS MEJORES
LÍDERES

BRIAN TRACY

Secretos probados para obtener lo mejor de ti mismo y de otros

GRUPO NELSON
Una división de Thomas Nelson Publishers
Desde 1798

NASHVILLE   DALLAS   MÉXICO DF.   RÍO DE JANEIRO

© 2011 por Grupo Nelson®
Publicado en Nashville, Tennessee, Estados Unidos de América. Grupo Nelson,
Inc. es una subsidiaria que pertenece completamente a Thomas Nelson, Inc.
Grupo Nelson es una marca registrada de Thomas Nelson, Inc.
www.gruponelson.com

Título en inglés: *How the Best Leaders Lead: Proven Secrets to Getting the Most Out of Yourself and Others*
© 2010 por Bryan Tracy
Publicado por AMACOM, una división de la American Management
Association, International, Nueva York. Todos los derechos reservados.

Editora General: *Graciela Lelli*
Traducción: *Redactores en Red*
Adaptación del diseño al español: *Grupo Nivel Uno, Inc.*

ISBN: 978-1-60255-556-3

Impreso en Estados Unidos de América

11 12 13 14 15 QG 9 8 7 6 5 4 3 2 1

Este libro está cariñosamente dedicado a Roger Joseph, amigo y socio de muchos años, y uno de los líderes más competentes e inspiradores que jamás haya conocido.

Contenido

CONTENIDO

Ya comenzó la carrera

> *«Las grandes aspiraciones hacen que todo sea posible».*
>
> —Benjamín Franklin

Vivimos en la época más desafiante para los negocios y la economía que hemos experimentado a lo largo de nuestra vida. Solo sobrevivirán los más aptos. Ya comenzó la carrera, y tú estás en ella. Si no estás comprometido con la victoria, con conquistar contra viento y marea, las personas y las empresas con mayor determinación que tú te harán a un lado y te dejarán atrás.

Hace un tiempo, la Universidad de Harvard hizo tres predicciones que se aplican a la situación económica actual. Primero, dijeron que los negocios experimentarían más cambios que nunca antes el año siguiente. Segundo, que habría más competencia que nunca antes en los negocios. Tercero, que habría más oportunidades que nunca antes en los negocios.

Pero estas oportunidades comerciales serán diferentes de las que acostumbras tener en el presente, y debes ser ágil para aprovecharlas si deseas sobrevivir y prosperar entre la competencia.

Ahora bien, estas predicciones fueron hechas en 1952, y más tarde se sumó una cuarta: los individuos y las organizaciones que no se adapten rápidamente a los cambios inevitables de nuestros días estarán en otro rubro o en la quiebra en uno o dos años.

Charles Darwin afirmó: «Las que sobreviven no son necesariamente las especies más fuertes, sino las que mejor pueden adaptarse a las circunstancias cambiantes».

Por su parte, Damon Runyon escribió: «La carrera no la gana siempre el más rápido; ni el combate, el más fuerte, pero esa es la mejor manera de apostar».

Habrás oído el antiguo dicho chino de que el símbolo de escritura que significa *crisis* también significa *oportunidad*. Esto se debe a que prácticamente en todas las crisis hay una oportunidad de algún tipo, si es que puedes encontrarla.

Destacarse en los puntos básicos

Cuando Vince Lombardi se hizo cargo del equipo de fútbol americano Green Bay Packers, le preguntaron si cambiaría a los jugadores, las jugadas, el entrenamiento u otros aspectos importantes relacionados con el juego. Su respuesta fue: «No cambiaré nada; simplemente perfeccionaremos los puntos básicos».

Los Green Bay Packers venían de unos años con un desempeño bastante malo. En la primera reunión con el equipo, recogió una pelota de fútbol americano y pronunció la famosa frase: «Caballeros, *esto* es fútbol».

A partir de ese momento, Lombardi se concentró en los puntos básicos y entrenó al conjunto para que ejecutara las jugadas con mayor rapidez y eficacia que cualquier otro equipo. Convirtió a los Green Bay Packers en bicampeones del Súper Tazón e hizo historia como entrenador de fútbol.

En consonancia con el método de Lombardi, la clave para el liderazgo y el éxito en épocas de crisis y de cambios rápidos es «perfeccionar los puntos básicos».

En este libro, basado en mi trabajo con más de mil empresas en cincuenta y dos países, compartiré algunas de las mejores habilidades intelectuales y prácticas que utilizan los altos ejecutivos y empresarios para obtener resultados extraordinarios en mercados difíciles con una competencia resoluta.

Cuando pongas estas ideas en práctica y las lleves al campo de la acción, tus esfuerzos tendrán resultados desmedidos. En ocasiones, un mero cambio de dirección inspirado por una reflexión o una idea en este libro puede cambiar tu negocio y tu vida de manera drástica en poco tiempo.

Las siete responsabilidades del liderazgo

Existen siete puntos básicos que nunca cambian: las responsabilidades clave que tiene la cúpula de cualquier organización. En una escala de uno a diez, tus capacidades en cada una de estas siete áreas determinan tu valía para ti mismo y tu contribución a la organización a la que perteneces. He aquí las siete:

Tu primera responsabilidad del liderazgo: Establecer y concretar metas comerciales

La principal razón detrás de los fracasos comerciales y ejecutivos es la incapacidad para lograr las metas de ventas, crecimiento y rentabilidad por las que es responsable el líder.

El establecimiento y la consecución de metas comerciales abarcan todas las partes de la planificación estratégica y de mercado, incluidos los productos, los servicios, las personas, la productividad, la promoción, las finanzas y la respuesta competitiva. Me ocuparé de estos factores críticos en las páginas siguientes.

La segunda responsabilidad del liderazgo: Innovar y comercializar

Tal como dijo Peter Drucker, el propósito de una empresa es «crear un cliente y conservarlo».

La única forma en que las empresas pueden crear clientes y mantenerlos es mediante la innovación continua de productos, servicios, procesos y métodos promocionales. Como escribió Bruce Henderson, miembro del Boston Consulting Group: «Toda planificación estratégica es planificación de mercado».

La tercera responsabilidad del liderazgo: Resolver problemas y tomar decisiones

Este punto es tan importante que dedicaré un capítulo completo a las habilidades para la resolución de problemas y la toma de decisiones que debes dominar sí o sí para ser un líder eficaz. No olvides que una meta sin alcanzar no es otra cosa que un problema sin resolver. Por ello, un objetivo de ventas sin alcanzar es un problema sin resolver. Los únicos obstáculos entre el éxito comercial al que aspiras y tú son los problemas, las dificultades, los impedimentos y las barreras. Tu capacidad para sortear dichos problemas es fundamental para lograr el éxito.

La cuarta responsabilidad del liderazgo: Establecer prioridades y enfocarse en las tareas clave

Una de tus tareas más importantes es implementar recursos limitados —sobre todo, tiempo y dinero— en aquellas áreas donde más puedan contribuir al éxito de la empresa.

La ley de la alternativa excluida dice: «hacer una cosa significa no hacer otra».

El tiempo es el recurso más escaso; es limitado, perecedero, irrecuperable e irremplazable. La manera en la que asignas el tiempo puede ser un determinante crucial de todos tus logros, y también de lo que no logres.

La quinta responsabilidad del liderazgo: Ser un modelo para los demás

Albert Schweitzer escribió: «Debes enseñarle a los hombres en la escuela del ejemplo, pues es la única en la que aprenderán».

Con el correr del tiempo, el ejemplo que das mediante tu carácter, tu actitud, tu personalidad y tus hábitos de trabajo —y especialmente la manera en la que tratas a los demás— marca la pauta del departamento o la organización de los que formas parte.

En las organizaciones no se puede levantar la moral; en cambio, esta se filtra desde la cúpula. Un buen general no puede tener malos soldados.

Una de las grandes preguntas que debes hacerte continuamente es: «¿Qué clase de empresa sería la mía si todos en ella fueran como yo?»

Marshall Goldsmith, consejero ejecutivo de primera línea de altos ejecutivos de la lista Fortune 1000, demostró con los años que un solo cambio en una característica conductual de un ejecutivo clave puede tener un efecto multiplicador positivo que impacta en el comportamiento de una gran cantidad de personas.

Los líderes se comportan como si todos los estuvieran viendo aun cuando nadie los mira.

La sexta responsabilidad del liderazgo: Persuadir, inspirar y motivar a otros a que te sigan

Tom Peters dijo que los mejores líderes no crean seguidores; crean líderes. Es cierto que deseas que las personas que tienes a cargo tengan iniciativa y la libertad de actuar sobre la base de ella. Sin embargo, todas las iniciativas deben servir de apoyo a lo que deseas alcanzar como líder, y estar al servicio de ello.

Si las personas no te siguen, entonces no eres un líder. Si nadie te escucha o te cree, o si a nadie le interesa lo que dices, no puedes tener éxito. Si las personas solo actúan como autómatas para ganarse un salario, hasta la mejor estrategia comercial del mundo está destinada al fracaso.

Debes motivar a otros a que sigan tu visión, a que apoyen y alcancen las metas y los objetivos que estableciste y a que compartan la misión de la organización tal como tú la concibes. En la actualidad, lograr que otros te sigan no requiere únicamente de mando y control. Es necesario ganarse la confianza y el respeto de los demás. Esta es la clave para lograr un éxito sostenible como líder.

La séptima responsabilidad del liderazgo: Tener un buen desempeño y obtener resultados

En última instancia, tu capacidad para obtener los resultados que se esperan de ti es el factor crítico que determina cuán exitoso eres.

En las páginas que siguen, mostraré una serie de prácticas y métodos simples, comprobados y prácticos que utilizan altos ejecutivos y empresarios de todo el mundo para obtener mejores resultados, más predecibles y más rápidamente en cualquier rubro u organización y en cualquier situación económica.

Toda crisis implica una oportunidad

«Los soldados profesionales oran por la paz, pero esperan que haya guerra».

¿Qué significa este dicho? Significa que los soldados oran por la paz porque la guerra es terrible. Cualquier persona sensata desea tener una vida en paz y lo más larga posible, incluso los soldados.

Pero solo durante la guerra, en los momentos críticos en el campo de batalla, es posible obtener distinciones y ascender en poco tiempo. De manera subconsciente, los soldados profesionales esperan que haya guerra para poder demostrar su aptitud y capacidad para un mando superior.

Viktor Frankl, sobreviviente de Auschwitz durante la Segunda Guerra Mundial y creador de la logoterapia, dijo: «La última gran libertad es la de escoger la propia actitud mental en cualquier circunstancia».

Un alto ejecutivo de quien soy amigo, cuya empresa sufrió una caída en las ventas del cuarenta por ciento en menos de un año y se estaba recuperando de los embates de la economía, me contó cómo hacía para mantener una actitud positiva día tras día.

Me dijo: «Cada mañana, cuando me levanto, tengo que tomar una decisión: puedo ser feliz o ser muy feliz. Por eso, decido que hoy seré muy feliz y dejo que esa actitud me guíe a lo largo del día, sin importar lo que ocurra».

Puedes elegir tu propia actitud en cualquier circunstancia. Puedes decidir ser una persona positiva, constructiva y que mira al futuro. Puedes tomar cada «crisis» como una «oportunidad», aun cuando no sea más que una oportunidad para que crezcas, madures, te hagas más fuerte y quizá hasta para que logres el tipo de «ascenso en el campo de batalla» que te acompañará por el resto de tu vida profesional.

¡Bienvenido al siglo XXI!

CAPÍTULO UNO

El corazón de un líder

> *«Puede que el carácter se manifieste en los momentos importantes, pero se forma en los pequeños».*
>
> —WINSTON CHURCHILL

El liderazgo es el factor más importante para el éxito o el fracaso de una empresa o negocio. Tu habilidad para dar un paso adelante y llevar tu empresa al éxito en mercados competitivos es a la vez fundamental e irremplazable.

Cuanto mejor líder seas, mejor te conducirás en cada área de la empresa. Afortunadamente, líder no se nace; se hace. Como escribió Peter Drucker: «Es posible que haya líderes innatos, pero son tan pocos que no marcan una diferencia en el panorama general».

En su mayoría, los líderes se forjan a sí mismos y buscan desarrollarse. Trabajan continuamente en sí mismos para aprender, crecer y ser más capaces y competentes con los años.

Por lo general, los líderes surgen para lidiar con situaciones que requieren habilidades de liderazgo. Un gerente puede cumplir con sus responsabilidades y hacer bien su trabajo durante muchos años, hasta que tiene lugar una crisis que requiere liderazgo. Es en ese momento que el líder da un paso adelante y se hace cargo de la situación; se convierte en una persona diferente y desempeña un papel distinto.

Seguir las reglas

El general Norman Schwarzkopf cuenta su primera experiencia de liderazgo en el Pentágono. Su superior le dijo que, para hacer bien su trabajo, todo lo que debía hacer era «seguir la regla 13».

Cuando preguntó en qué consistía esa regla, su comandante general le dijo: «Cuando lo pongan en el mando, hágase cargo».

Luego, el coronel Schwarzkopf preguntó: «Pero, después de hacerme cargo, ¿cómo tomo las decisiones?» Su comandante le dijo: «Es sencillo. Use la regla 14».

A la pregunta del coronel Schwarzkopf de «¿Cúal es la regla 14?», la respuesta fue: «Hacer lo correcto».

Estas son excelentes ideas para ti también. Cuando estés al mando, hazte cargo, y si alguna vez dudas qué hacer, simplemente haz lo correcto.

El liderazgo requiere carácter

El liderazgo tiene más que ver con quién eres que con lo que haces. Tu capacidad para desarrollar las cualidades del liderazgo eficiente, la esencia de lo necesario para ser un líder, es más importante para tu éxito como ejecutivo que cualquier otro factor.

Uno de los grandes principios del desarrollo personal es «aquello en lo que fijamos la mente se desarrolla y se expande en nuestra experiencia y personalidad».

Cuando piensas y actúas sobre la base de las cualidades clave de los líderes eficaces a lo largo de la historia, te vuelves más efectivo día a día. Programas estas cualidades en tu personalidad y comportamiento y piensas en ellas continuamente. Aprendes estas cualidades poniéndolas en práctica en tus actividades cotidianas como persona y como líder de una organización.

Cuánto más líder eres *interiormente*, más eficiente serás en todas tus actividades de liderazgo *hacia fuera*. Si piensas como lo hacen los mejores líderes, te convertirás en uno de ellos.

Las siete cualidades del liderazgo

A través de los años, se han hecho más de tres mil estudios que apuntan a identificar las cualidades de los líderes exitosos, sobre todo de exitosos líderes militares que ganaron importantes batallas en las circunstancias más adversas en turbulentos escenarios de guerra —una descripción bastante adecuada del éxito en los mercados actuales.

Se han identificado más de cincuenta cualidades importantes para el liderazgo, pero siete de ellas parecen ser más primordiales que las demás. La buena noticia es que todas ellas pueden —y deben— aprenderse mediante la práctica y la repetición.

1. Visión: La cualidad más importante del liderazgo

Los líderes tienen visión; pueden ver al futuro. Tienen una idea clara y estimulante de adónde van y de lo que buscan conseguir. Esta cualidad los diferencia de los gerentes. Tener una visión clara convierte a estos individuos en una clase especial de persona.

Esta cualidad de visión transforma a un «gerente comercial» en un «líder transformacional». Mientras que un gerente logra que el trabajo se haga, un verdadero líder aprovecha las emociones de las personas que tiene a cargo.

En épocas turbulentas y de cambios rápidos, es una buena idea proponer una pausa cada tanto; detener el reloj, esperar. Tómate un momento para pensar quién eres realmente, qué representas, adónde vas, qué clase de futuro quieres crear para ti y para tu organización.

En su libro *Compitiendo por el futuro*, Gary Hamel y V. K. Prahalad enfatizan el papel clave que tiene la «intención a futuro» en la consecución del éxito comercial. Explican que cuanto mayor sea tu claridad respecto del futuro que deseas crear, más fácil te será tomar las decisiones cotidianas necesarias para construir ese futuro.

Como líder que eres, para mantenerte calmado y centrado en momentos de cambios rápidos debes hacerte dos preguntas continuamente: «¿Qué intentamos hacer» y «¿Cómo intentamos hacerlo?»

Debes jugar tu propio juego en lugar de permitir que las dificultades y los reveses inesperados te dejen fuera de combate. Esto se logra mediante el desarrollo de una visión clara de ti mismo y de tu organización y por medio de compartir luego esta visión de un futuro ideal con las personas que te admiran y que dependen de tu liderazgo.

Cómo desarrollar esta visión

Comienza con tus valores. ¿Cuáles son los principios que organizan tu negocio en los que crees y que representas? ¿Cuáles son los valores y las creencias centrales que te ponen en movimiento y te motivan? ¿Cuáles son los valores que tu empresa pone en práctica e incorpora a todas sus actividades?

La diferencia entre los líderes y las personas comunes es que los primeros tienen creencias claras que no están dispuestos a negociar bajo ninguna circunstancia. Las personas normales, en cambio, tienen valores confusos o poco claros que negocian a cambio de ventajas a corto plazo.

Sobre la base de tus valores, imagina cuál sería el futuro perfecto para tu negocio.

Imagina que tienes todo el tiempo y el dinero, todos los conocimientos y la experiencia, todas las personas y los recursos, absolutamente todo lo que necesitas. ¿Cómo sería tu negocio?

Una vez que tengas en claro tus valores y tu futuro ideal, delinea la declaración de misión de tu empresa; es decir, aquello que la empresa desea lograr. Sé específico: «Nuestra misión es ofrecer los productos de la mejor calidad y, en consecuencia, tener una tasa anual de crecimiento del veinte por ciento en ventas y rentabilidad» es mejor que «Nuestra misión es ofrecer productos interesantes con un espíritu de innovación y emprendimiento».

Más allá de la misión específica, debes saber cuál es el propósito fundamental de la empresa: cuál es su razón de existir. ¿Qué clase de contribución hace tu empresa para mejorar el bienestar de sus clientes?

El propósito de la empresa es muy importante; es la razón por la que hace negocios. Tu confianza en la bondad de tu propósito es lo que te permite perseverar ante problemas y dificultades externos. Es lo que motiva e inspira a las personas que tienes a cargo a hacer un esfuerzo adicional y dar más de sí.

Tal como dijo Nietzsche: «El que tiene un porqué en la vida, puede soportar cualquier cómo».

El cómo es el componente emocional del liderazgo y siempre se define en términos de cómo la organización y tú contribuyen a la vida y al bienestar de los clientes; es lo que los productos y servicios hacen por mejorar sus vidas y su trabajo.

Por último, los líderes son personas orientadas a objetivos. Establece metas específicas y mensurables que quieras lograr y cifras que debas alcanzar para llegar desde donde te encuentras adonde sea que quieras que tu organización llegue en el futuro. No olvides ponerles un límite de tiempo.

En todos los casos, la claridad es fundamental.

Quizá la contribución más importante que hagas a la organización en épocas de cambios rápidos en mercados competitivos sea ayudar a todos a mantener la calma, la claridad, el foco, y el pensamiento al futuro en lo que respecta a los valores, la visión, la misión, el propósito y las metas. Este es el punto de partida de un buen liderazgo.

2. Valentía: La segunda cualidad que los líderes tienen en común

«La valentía es considerada con justicia la más importante de las virtudes, pues todas las demás dependen de ella». (Winston Churchill).

El general Douglas McArthur escribió: «No existe seguridad en la vida; solo existen las oportunidades».

La cualidad de la valentía significa estar dispuesto a asumir riesgos para lograr las metas sin tener ninguna garantía de éxito. Dado que no existen certezas ni en la vida ni en los negocios, todos los compromisos que hacemos y todas las acciones que emprendemos conllevan algún tipo de riesgo. Por esto, la valentía es la cualidad visible más fácil de identificar en un buen líder.

La cuestión es que el futuro pertenece a quienes asumen riesgos, no a quienes buscan seguridad. El futuro pertenece a los líderes que están dispuestos a salir de sus zonas de confort y asumir los riesgos necesarios para que la empresa sobreviva y prospere en cualquier situación económica.

Ser osado significa estar dispuesto a dar el primer paso aun cuando no se tiene ninguna garantía. Como escribió Samuel Johnson: «Jamás se intentará nada si primero deben superarse todas las objeciones posibles».

Cuanta más información reúnas y más opiniones busques antes de tomar una decisión importante, más probabilidades habrá de que esa decisión sea la correcta. Sin embargo, nunca puede eliminarse el elemento riesgo; siempre existe.

La audacia es la llave de la victoria

Federico el Grande, conocido por su propensión a atacar al enemigo sin importar cuán adversa fuera la situación, afirmó: «L'audace! L'audace! Y toujours l'audace!» (¡Audacia, audacia, y siempre audacia!)

En su libro *Las 48 leyes del poder*, Robert Green dice: «Siempre sé audaz. Cualquier equivocación que se cometa con audacia puede resolverse fácilmente con más audacia».

La práctica de la osadía y la audacia implica pensar continuamente en términos de las acciones que pueden emprenderse; se practica algo que se denomina «ofensiva continua»: uno se atreve a avanzar cualquiera sean las circunstancias.

Al tomar medidas agresivas en la dirección de las metas, te pones del lado de los ángeles. Cuanto más orientado a la acción seas, mayor será tu confianza en ti mismo y será más probable que hagas las cosas correctas que llevan a la victoria en el momento indicado.

Esperar

La valentía tiene un componente fundamental denominado «paciencia valiente»; la capacidad de mantener el curso y no rendirse cuando no parece haber ningún progreso o cuando tienes todo en contra.

Después del inicio de toda gran ofensiva, hay un período en el que las cosas se lentifican y con frecuencia parece que nada sucediera, ni la victoria ni la derrota. En este lapso, muchas personas se desmoralizan y retroceden o se retiran, o —lo que es aun peor— luchan sin convicción.

Los líderes, en cambio, una vez que se comprometen con un curso de acción, siguen perseverando, persistiendo y empujando con el mismo vigor y la misma energía con los que empezaron.

En 1941, en los días más negros de la Segunda Guerra Mundial, los miembros del gabinete de Winston Churchill lo instaban a que «hiciera las paces» con Hitler. Churchill se negaba absolutamente a considerar esa posibilidad y dio un conocido discurso que cerró con las conmovedoras palabras: «¡No nos rendiremos jamás!»

Cuando le preguntaron en privado por qué estaba tan resuelto a seguir luchando en condiciones tan extraordinariamente adversas, respondió: «Porque estudio historia, y la historia dice que, si soportas lo suficiente, siempre sucede algo».

Esta conversación tuvo lugar en noviembre de 1941.

El 7 de diciembre de ese mismo año, los japoneses bombardearon Pearl Harbor. Dos semanas después, Hitler le declaró la guerra a Estados Unidos, lo que llevó a ese país y a su gran poder industrial a la guerra del lado de Inglaterra y cambió el curso de la historia.

El máximo desafío

En lo que respecta al liderazgo, la prueba máxima de valentía es cuán bien respondes ante una crisis. Lo único que es inevitable en la vida de un líder es precisamente la crisis. Ese es el momento de prueba.

Tu capacidad para desempeñarte bien en una crisis determina en gran medida el éxito o el fracaso de la organización a la que perteneces. Esta capacidad no puede enseñarse en un salón de clases; solo se desarrolla cuando te enfrentas a una verdadera crisis, a una emergencia real con pérdidas potenciales importantes.

Una de las cualidades que he observado con los años es que, cuando se enfrentan con una crisis, con un revés inesperado o con un contratiempo, los líderes inmediatamente se tranquilizan. Respiran hondo y deciden calmarse. Con el tiempo, los líderes aprenden que cuanto más calmados estén durante una crisis, mejor podrán pensar, analizar y decidir.

La crisis es el verdadero momento de prueba del liderazgo. Durante una crisis, los líderes se demuestran a sí mismos —y a quien los esté observando— cuál es su verdadera esencia.

La clave para lidiar con una crisis de manera eficaz es decidir de antemano que, no importa lo que suceda, permanecerás calmado, tranquilo y relajado. Decides anticipadamente que no te enfadarás ni te molestarás. Obtendrás la información que necesites, tomarás las decisiones que haya que tomar y darás los pasos necesarios. Esta es la verdadera marca de un líder.

3. Integridad: la cualidad más respetada y admirada de los líderes y las personas superiores en cualquier área de actividad

En todas las sesiones de planificación estratégica que dirijo para corporaciones grandes y pequeñas, el primer valor que todos los ejecutivos reunidos coinciden en aplicarle a su empresa es la integridad. Todos coinciden en la importancia de una honestidad total en todo lo que hacen, ya sea interna o externamente.

Hace algunos años, después de que todos los ejecutivos reunidos en torno a la mesa coincidieran en que la integridad era el valor más importante de la empresa, el presidente —uno de los hombres más ricos de Estados Unidos— hizo una afirmación que jamás olvidaré. Dijo: «A mí me parece que la integridad no es un valor en sí misma; simplemente es el valor que garantiza todos los demás».

En su éxito de ventas *Winners Never Cheat* [Los ganadores no hacen trampa], Jon Huntsman —que creó una empresa química de cero y la convirtió en una empresa de 12,000 millones de dólares—, escribió: «No hay atajos morales en el juego de los negocios ni en la vida. Básicamente, existen tres clases de personas: las que no tienen éxito; las que tienen éxito temporal y las que logran el éxito y lo mantienen. La diferencia es una cuestión de carácter».

La veracidad es el centro de la integridad. La integridad requiere decir siempre la verdad, a todos, en todas las situaciones; es la cualidad que sienta las bases de la confianza necesaria para el éxito de cualquier negocio.

Steven Covey afirma que la clave para granjearse la confianza de los demás es ser «confiables». Imagina que todo lo que haces o dices saldrá publicado en el periódico de tu localidad. Di siempre la verdad sin importar cuál sea el precio; el costo de no decir la verdad siempre es más alto. Jack Welch afirma que la falta de veracidad —o «candor» en sus palabras— puede destruir cualquier negocio. «La falta de candor básicamente bloquea las ideas inteligentes, la rapidez para actuar y la contribución que las buenas personas pueden hacer al aportar todo lo que tienen. Es asesina».

Un componente clave de la veracidad es mantener siempre las promesas. Las promesas deben hacerse con cuidado, hasta con reticencia, pero una vez que se empeñó la palabra, siempre hay que cumplirla.

La extensión natural de la integridad personal es el trabajo de calidad. Una persona verdaderamente honesta consigo misma se esfuerza todo el tiempo por hacer un excelente trabajo de calidad al servir a sus clientes.

Al parecer, las mejores empresas, aquellas que son famosas por la calidad de sus productos y servicios, también tienen los estándares internos de ética más altos.

El principio de realidad

Cuando era el presidente de General Electric, Jack Welch concedió una entrevista a *Fortune Magazine* en la que le preguntaron cuáles consideraba los principios más importantes del liderazgo. Dijo que, en su opinión, el principio más importante era lo que él denominaba «principio de realidad».

La definición que Welch dio de este principio fue: «Ver el mundo tal como es realmente y no como desearías que fuera».

Este hombre era famoso por asistir a reuniones para la resolución de problemas y preguntar de inmediato: «¿Qué sucede en realidad?»

El principio de realidad es una aplicación práctica del valor de la integridad. Requiere veracidad y honestidad; requiere lidiar de manera directa con la realidad de las situaciones, sobre la base de hechos antes que de esperanzas, deseos o suposiciones.

Aceptar la responsabilidad

Los líderes íntegros son responsables. Se hacen responsables de sí mismos y de obtener los resultados para los que los contrataron y designaron. Los líderes se recuerdan constantemente: «Soy el responsable».

Los líderes dicen: «Que suceda, depende de mí».

Los líderes se niegan a excusarse cuando algo sale mal. En cambio, avanzan. Se niegan a darle vueltas a lo que pudo haber sucedido; en cambio, se enfocan en lo que puede hacerse ahora para resolver el problema.

Los líderes no culpan a los demás por los errores, sino que asumen la responsabilidad.

4. Humildad: los líderes tienen la seguridad y la autoconfianza necesarias para reconocer el valor de los demás

Los mejores líderes son aquellos que son fuertes y determinados pero también humildes. La humildad no implica ser débil o poco seguro de sí mismo, sino que significa que se tiene la autoconfianza y el autoconocimiento necesarios para reconocer el valor de los demás sin sentirse amenazado. Significa estar dispuestos a admitir que podemos equivocarnos y reconocer que puede que no tengamos todas las respuestas. También significa dar crédito a los demás cuando lo merecen. Jim Collins escribió que los mejores líderes «miran por la ventana, en lugar de mirarse al espejo, para darle crédito a quien corresponda por el éxito de la empresa».

La humildad trae resultados. Larry Bossidy, ex director ejecutivo de Honeywell y autor del libro *El arte de la ejecución en los negocios*, explica por qué la humildad puede convertir a las personas en líderes más eficientes: «Cuanto más puedas contener a tu ego, más realista serás para evaluar tus problemas. Aprendes a escuchar y a admitir que no tienes todas las respuestas. Demuestras la actitud de estar dispuesto a aprender de todos, en cualquier momento. El orgullo no se interpone a la hora de reunir la información que necesitas para lograr los mejores resultados; no te impide compartir el crédito que debe compartirse. La humildad te permite reconocer tus errores».

Bossidy aprendió la diferencia entre humildad y debilidad de su madre, que le dijo: «No es cuestión de menospreciarte, sino de pensar menos en ti mismo».

Olvida tu ego y enfócate en cambio en lo mejor para la empresa. No permitas que una opinión pretenciosa sobre ti mismo te impida encontrar las respuestas y las soluciones correctas para los problemas. No tengas miedo de reconocer y de usar las fortalezas de los demás. Jack Welch afirmó que siempre quiso estar rodeado de personas más inteligentes que él.

No creas que la humildad socavará tu autoridad a los ojos de los demás. De hecho, es al revés: la arrogancia irreflexiva no inspira confianza, pero la humildad acompañada de seguridad de uno mismo sí lo hace.

Tal como afirma el ex alcalde de Nueva York Rudy Giuliani en su libro *Liderazgo*: «Los líderes de todas las clases —directores ejecutivos, consejeros, incluso el alcalde en funciones— corren el riesgo de pensar que están donde están por intervención divina. Cuando te escojan para una posición de liderazgo, no creas que eres un elegido de Dios. Ese es el momento preciso en el que hay que aplicar la humildad. ¿Cuáles son mis debilidades? ¿Cómo puedo equilibrarlas?»

Aprendizaje continuo

El sello distintivo de los líderes humildes es su esfuerzo continuo por mejorar. Nunca dejan de aprender. No creen que saben todo lo que hay para saber o que no les queda nada por aprender. Como afirmó Pat Riley, entrenador de básquetbol: «Si no mejoras, empeoras».

Charlie Jones, orador y empresario, solía decir: «En cinco años serás la misma persona que eres hoy, excepto por las personas que conozcas y los libros que leas».

Aprende de las personas que conoces y con las que trabajas. No hables más de lo que escuchas.

Al igual que se le dice a cualquier estudiante, no le temas a los libros. En palabras de Zig Ziglar: «No todos los lectores son líderes, pero todos los líderes son lectores».

La lectura es a la mente lo que el ejercicio es al cuerpo. Toma hoy la determinación de leer entre treinta y sesenta minutos al día de material de tu campo. Este volumen de lectura se traducirá en un libro a la semana, cincuenta libros al año y quinientos en diez años. Cuando lees con regularidad para mejorar tus conocimientos y habilidades en tu ámbito, pronto desarrollas una ventaja respecto de las personas menos informadas que tú.

5. Visión de futuro: los líderes tienen la capacidad de ver hacia el futuro y prever lo que puede llegar a ocurrir

Los líderes excelentes son buenos pensadores estratégicos. Tienen la capacidad de mirar hacia delante y de prever con cierta precisión hacia dónde se dirigen los mercados y la industria.

Los líderes tienen la capacidad de prever las tendencias mucho antes que sus competidores. Suelen preguntarse: «Sobre la base de lo que sucede hoy día, ¿adónde se dirige el mercado? ¿Dónde estará dentro de tres y seis meses o dentro de uno y dos años?»

Debido a la creciente competitividad, solo los líderes y las organizaciones que pueden prever el futuro de los mercados con precisión tienen posibilidades de sobrevivir. Solo los líderes con visión de futuro tienen la «ventaja del precursor».

Los líderes son astutos en lo que yo llamo *pensamiento de extrapolación*. Tienen la capacidad de predecir con precisión lo que puede suceder en el futuro sobre la base de lo que ocurre en el presente. Predicen con exactitud las consecuencias de sus actos así como las consecuencias de los cambios que tienen lugar en el mercado actual.

Proyección a futuro

El pensamiento de extrapolación y la visión de futuro de los líderes cubren todos los aspectos del negocio. ¿Qué quieren y necesitan los clientes hoy?, ¿qué están dispuestos a pagar? Sobre la base de las tendencias actuales, ¿qué clase de productos y servicios demandarán en el futuro? De acuerdo con los resultados actuales, ¿qué cambios serán necesarios hacer para asegurar que los productos y servicios del mañana sean exactamente lo que los clientes querrán en ese momento?

Un aspecto clave de la visión de futuro es la previsión de las crisis. Los líderes miran hacia delante y se preguntan: «¿Qué podría suceder para amenazar la supervivencia de mi negocio?»

Los líderes piensan en el futuro con claridad; piensan acerca de qué podría suceder. Piensan sobre lo que intentan lograr hoy y en lo que podría interferir con sus planes para el mañana.

Solo los líderes pueden pensar acerca del futuro; esta es una de sus principales tareas. No hay en la organización otra persona responsable de tal grado de orientación a futuro. Cuanto mayor sea la precisión con la que los líderes pueden predecir las consecuencias probables de sus acciones y de los cambios en el mercado, mayor será el éxito de su negocio.

¿Cuáles son las peores cosas que podrían sucederle a tu negocio en los próximos meses o años? De todas ellas, ¿cuál haría peligrar más su supervivencia? ¿Qué podrías hacer a partir de hoy para asegurarte de que lo peor no ocurra?

Cuanta más información reúnas y cuanto más sean las personas con las que hables, mayor claridad tendrás acerca de las condiciones futuras. Cuanta más claridad tengas, mejores serán tus decisiones sobre las medidas que se deben tomar para prevenir las crisis posibles o para aprovechar las oportunidades potenciales.

Una de las mejores herramientas que ayudan a los líderes a prever tanto las crisis como las oportunidades se denomina *planificación por escenarios*. Existe una amplia variedad de problemas, contratiempos y sorpresas desagradables que pueden acontecerle a la empresa en el largo plazo. La planificación por escenarios nos hace pensar acerca de qué podría salir mal para prepararnos para el día de mañana. En este tipo de planificación, se desarrollan tres o cuatro escenarios detallados de la empresa y de su entorno a cinco, diez o veinte años (la cantidad de años depende de la celeridad con la que los cambios pueden afectar drásticamente la industria). Estos escenarios cuentan con muchos detalles: se describen la línea de productos, los clientes, la competencia y también todos los factores medioambientales que pueden tener un efecto en el negocio, como las nuevas regulaciones federales. Una vez que se completan los escenarios, pueden tomarse medidas realistas a corto plazo para prepararse para ellos. ¿Alguno de los escenarios prevé la posibilidad de que un competidor ganará ventas por vender productos más económicos que los tuyos? Si es así, ¿qué debes hacer hoy para reducir los costos y darle más valor a tu producto?

La planificación por escenarios permite identificar las peores cosas que podrían afectar la capacidad de la empresa para sobrevivir. Luego, haz un plan para asegurarte de que, en caso de que tenga lugar alguno de esos reveses, ya tengas una estrategia desarrollada para lidiar con él.

6. Enfoque: la capacidad para enfocar las energías y los recursos personales y corporativos en las áreas más importantes es fundamental para el liderazgo

Los líderes siempre se enfocan en las necesidades de la empresa y en lo que requieren las situaciones. Se enfocan en los resultados, en lo que deben lograr los demás, la empresa, y ellos mismos. Los líderes se centran en las fortalezas, tanto propias como ajenas. Se enfocan en las fortalezas de la organización, en lo que la empresa hace bien para satisfacer la demanda de los clientes en un mercado competitivo.

Tu capacidad como líder para tomar decisiones y asegurarte de que todos estén enfocados y concentrados en el uso más valioso de su tiempo es fundamental para que la empresa logre un desempeño excelente.

La tendencia humana natural, tanto en casa como en el trabajo, es hacia la entropía, hacia la disipación de la energía, la difusión del esfuerzo y la valorización de nimiedades.

Tal como dijo Goethe: «Las cosas más importantes nunca deben quedar a merced de las menos importantes».

El trabajo del líder consiste en ayudar a todas las personas de la empresa a lograr un enfoque perfecto en las mayores contribuciones que pueden hacer al crecimiento de la empresa. Por supuesto, el líder debe ser un ejemplo; debe ser un modelo a seguir. Si quieres que todos los demás se concentren en las actividades más importantes, debes hacer lo mismo cada hora de cada día.

¿Cómo reconoces las actividades más importantes? La respuesta se encuentra en tus principales competencias y en las de la organización.

Comienza por tus principales competencias *personales*. ¿Qué haces extremadamente bien? ¿Qué habilidades y capacidades especiales tienen más que ver con tus éxitos personales hasta la fecha? ¿Qué es aquello que solo tú puedes hacer y que, de hacerlo bien, hará una verdadera diferencia en la organización?

¿Cuáles son las competencias principales de la *organización*? ¿Qué es lo que la empresa hace especialmente bien? ¿Qué la pone por encima de la competencia? ¿En qué áreas se le reconoce como líder de la industria? ¿Cuáles deberían ser esas áreas en el futuro?

¿Cuáles son los productos y servicios más exitosos y rentables? ¿Quiénes son los mejores empleados y los más productivos? ¿Cuáles son los mercados más importantes, y quiénes son los clientes más valiosos?

Foco en el futuro

Los líderes son personas muy orientadas hacia las soluciones, no hacia la culpa. La mayor parte del tiempo, piensan en términos de soluciones. Lo primero en lo que piensan es en qué puede hacerse de inmediato para resolver una situación y no en quién hizo qué o en a quién culpar por el problema.

Los líderes se enfocan en el futuro, en las oportunidades y acciones del mañana, antes que en los problemas y las dificultades de ayer.

Los líderes no se quejan ni critican, sino que mantienen una actitud positiva y se enfocan en sus metas y en las de la organización.

Una de las claves de la calma y la claridad mental es negarse a dedicar un solo segundo a preocuparse o a enfadarse por algo que no se puede cambiar. En la mayoría de los casos, no se puede cambiar algo que sucedió en el pasado. Si algo ya sucedió, no hay nada que pueda hacerse al respecto —igual que sucede con la leche derramada.

En cambio, enfoca tus preciosas energías mentales y emocionales en lo que sí puede hacerse, en lo que pueden hacer los demás para lidiar de manera constructiva con la situación en este momento y resolver el problema hoy mismo.

El único antídoto efectivo para la preocupación es la acción intencionada con miras al futuro. Como líder, debes dedicarte tanto a trabajar en la solución —a trabajar en el futuro—, que no tengas tiempo para pensar en lo que sucedió en el pasado y en cómo podría haberse evitado.

7. Cooperación: la capacidad para trabajar bien con otras personas es fundamental para un liderazgo eficiente

Tu capacidad para hacer que todos trabajen juntos y tiren hacia el mismo lado es fundamental para lograr el éxito. Hablaremos sobre los elementos clave para construir un equipo eficiente más adelante en este libro. Simplemente recuerda que el liderazgo es la capacidad para lograr que otros trabajen para ti porque desean hacerlo.

Aquí se aplica la regla del 80/20: el veinte por ciento de las personas que trabajan para ti contribuye al ochenta por ciento de los resultados. Tu capacidad para seleccionar a esas personas y luego trabajar bien con ellas a diario es fundamental para el buen funcionamiento de la organización.

Logra la cooperación de los demás mediante un compromiso con llevarte bien con cada una de las personas clave todos los días. Cuando se presenta una tarea, siempre tienes dos alternativas: puedes hacerla tú mismo o hacer que otra persona la haga por ti. ¿Qué elegirás?

Te conviertes en aquello en lo que piensas

El principio más excepcional jamás descubierto, que subyace a todas las religiones, filosofías y psicologías, es: «Te conviertes en aquello en lo que piensas la mayor parte del tiempo».

La mayor parte del tiempo, los líderes piensan en las cualidades del liderazgo y en cómo aplicarlas día tras día.

Los líderes tienen una visión clara sobre adónde van y le transmiten esta visión a todos los que los rodean.

Los líderes tienen la valentía necesaria para asumir riesgos, para avanzar, para enfrentarse al peligro sin tener ninguna garantía de éxito.

Los líderes tienen integridad. Tienen un trato honesto y directo con las personas. Dicen la verdad y siempre cumplen su palabra.

Los líderes son humildes. Se sirven de las fortalezas y los conocimientos de quienes los rodean para obtener resultados. Saben escuchar y saben aprender.

Los líderes tienen visión de futuro. Miran continuamente hacia delante y prevén lo que podría suceder. Toman precauciones para prevenir posibles reveses y se ponen en una posición que les permite aprovechar posibles oportunidades.

Los líderes se centran en lo importante. Concentran su tiempo y sus recursos, así como los de la empresa, en las actividades que marcarán una diferencia mayor.

Los líderes tienen una buena cooperación con los demás. Hacen el esfuerzo de llevarse bien con las personas clave de las que depende la empresa. Tienen la convicción de que las personas son su recurso más valioso.

Las mejores empresas tienen a los mejores líderes. Las empresas que les siguen, tienen los segundos mejores líderes. En estas épocas turbulentas, las empresas de tercera línea desafortunadamente van en camino a la bancarrota.

La mejor contribución que puedes hacer a tu empresa es ser un líder, aceptar la responsabilidad por los resultados y atreverte a avanzar.

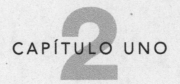

CAPÍTULO UNO

Los líderes se conocen a sí mismos

> *«O bien avanzas hacia el crecimiento o retrocedes hacia la seguridad».*
>
> —Abraham Maslow

Cuanto mejor te conozcas y te entiendas a ti mismo, mejores serán las decisiones que tomes y mejores serán también los resultados.

¿Cuál es la tarea más importante y valiosa que realizamos? La respuesta es *pensar*. La calidad del pensamiento determina la calidad de las elecciones y decisiones. A su vez, la calidad de las decisiones determina la calidad de los actos. La calidad de los actos determina la calidad de los resultados, y esta determina prácticamente todo lo que nos sucede, sobre todo en el mundo de los negocios.

Una de las palabras más importantes en el ámbito del pensamiento y la acción es *consecuencias*. Un acto es importante si tiene consecuencias potenciales trascendentales y no lo es si tiene pocas o ninguna consecuencia potencial.

Tu pensamiento y los actos que cometes de acuerdo con él pueden tener consecuencias enormes. Tu decisión de introducir un producto o servicio nuevos en el mercado, de contratar o despedir a una persona clave o de hacer una inversión en un área específica puede tener consecuencias significativas.

Es posible que el mayor estimulante para el buen pensamiento sean las preguntas intencionadas que nos obligan a hacer un análisis y a decidir exactamente qué es lo que deseamos y qué haremos para lograrlo. Las preguntas siguientes te ayudarán a enfocarte en tus metas y aspiraciones y, a la vez, a desarrollar una mayor claridad respecto de quién eres realmente y qué es de verdad importante para ti.

Estas preguntas atañen tanto a la esfera personal como a la profesional. Los líderes de éxito son, antes que nada, personas de éxito. Los mejores líderes establecen prioridades y metas no solo para su vida profesional sino también para la personal. Saben qué es lo que desean, quiénes son, quiénes y qué cosas son importantes para ellos, hacia dónde van y por qué y qué puntos fuertes y débiles los ayudarán o entorpecerán su camino a medida que avanzan en cada uno de estos ámbitos. Los mejores líderes son individuos completos, equilibrados, conscientes de sí mismos y sanos que llevan adelante su vida profesional y su vida personal de acuerdo con las mismas reglas.

Presta especial atención a todas estas preguntas. Si alguna de tus respuestas está equivocada —es decir, si por ejemplo tienes prioridades incorrectas, te falta el grado de autoconsciencia necesario para conocer tus verdaderos puntos fuertes y débiles, o elijes desarrollar las habilidades equivocadas—, eso puede ocasionar que hagas elecciones o tomes decisiones erróneas y sabotees tu capacidad para obtener los resultados que se esperan de ti.

Responde las siguientes preguntas:

1. ¿En qué *puesto* te desempeñas actualmente?

2. ¿Cuáles son las *tres* cosas más importantes que haces en tu trabajo?

    1. _____

    2. _____

    3. _____

3. ¿Cómo *mides* los resultados, el éxito y los logros en tu trabajo?

    1. _____

    2. _____

    3. _____

4. ¿Cuáles son tus capacidades y talentos *especiales*?

    1. _____

    2. _____

    3. _____

5. ¿Qué tareas *desempeñas* especialmente bien?

    1. _____

    2. _____

    3. _____

6. ¿Cuáles son las tres *metas* más importantes en tu trabajo?

1. _____

2. _____

3. _____

¿Qué *medidas* específicas podrías tomar de inmediato para lograr esas metas?

1. _____

2. _____

3. _____

7. ¿Cuáles son las tres metas más importantes en tu vida *familiar* y *personal*?

1. _____

2. _____

3. _____

¿Qué *medidas* específicas podrías tomar de inmediato para lograr esas metas?

1. _____

2. _____

3. _____

8. ¿Cuáles son tus tres metas *económicas* más importantes?

1. _____

2. _____

3. _____

¿Qué *medidas* específicas podrías tomar de inmediato para lograr esas metas?

1. _____

2. _____

3. _____

9. ¿Cuáles son tus tres metas más importantes con respecto a la *salud*?

1. _____

2. _____

3. _____

¿Qué *medidas* específicas podrías tomar de inmediato para lograr esas metas?

1. _____

2. _____

3. _____

10. ¿Cuáles son tus tres metas más importantes para tu *vida profesional*?

1. _____

2. _____

3. _____

¿Qué *medidas* específicas podrías tomar de inmediato para lograr esas metas?

1. _____

2. _____

3. _____

11. ¿Cuáles son las tres *habilidades* más útiles que puedes desarrollar para lograr tus metas más importantes?

1. _____

2. _____

3. _____

¿Qué *medidas* específicas podrías tomar de inmediato para lograr esas metas?

1. _____

2. _____

3. _____

12. ¿Cuáles son las tres grandes *oportunidades* que tienes en la vida en este momento?

1. _____

2. _____

3. _____

¿Qué podrías hacer de inmediato para *aprovechar* esas oportunidades?

1. _____

2. _____

3. _____

13. ¿Cuáles son tus tres mayores *preocupaciones* o *inquietudes* en la vida en este momento?

1. _____

2. _____

3. _____

¿Qué *medidas* específicas podrías tomar de inmediato para *resolverlas*?

1. _____

2. _____

3. _____

14. De tus cualidades *personales*, ¿cuáles son las tres de las que estás más orgulloso?

1. _____

2. _____

3. _____

15. ¿Qué tres *puntos débiles* te gustaría superar?

1. _____

2. _____

3. _____

16. Menciona *tres palabras* con las que te gustaría que los demás te describieran cuando te ven pasar.

1. _____

2. _____

3. _____

17. ¿Cuáles son tus tres *valores comerciales* más importantes?

1. _____

2. _____

3. _____

18. ¿Cuáles son los tres *valores* más importantes que guían tus *relaciones* con tu familia y otras personas?

1. _____

2. _____

3. _____

19. ¿Quiénes son las personas *más importantes* en tu trabajo?

1. _____

2. _____

3. _____

Nombre	Puesto
1. _____	_____
2. _____	_____
3. _____	_____

4. _____   _____

5. _____   _____

6. _____   _____

7. _____   _____

20. ¿Quiénes son las personas más importantes en tu *vida personal*?

Nombre   **Vínculo**

1. _____   _____

2. _____   _____

3. _____   _____

4. _____   _____

5. _____   _____

6. _____   _____

7. _____   _____

21. ¿Cuáles son tus actividades *no laborales* preferidas?

1. _____

2. _____

3. _____

22. ¿Qué harías si te obligaran a *tomarte un día libre*?

1. _____

2. _____

3. _____

23. ¿Qué harías si te obligaran a *tomarte un mes libre* y tuvieras un presupuesto ilimitado?

1. _____

2. _____

3. _____

24. ¿Qué harías con tu vida si hoy te enteraras de que solo te quedan *seis meses de vida*?

1. _____

2. _____

3. _____

25. ¿Qué harías si tuvieras *$ 20,000,000* en el banco y solo *10 años más de vida*?

1. _____

2. _____

3. _____

4. _____

5. _____

26. ¿Qué metas te impondrías si tuvieras un éxito rotundo *garantizado*?

1. _____

2. _____

3. _____

27. ¿Qué *tres actividades* en la vida o en el trabajo te dan la mayor sensación de felicidad y autoestima?

1. _____

2. _____

3. _____

28. ¿Cuáles son las tres actividades o tareas que *menos disfrutas*?

1. _____

2. _____

3. _____

29. Si pudieras hacer solo tres cosas en el trabajo diariamente, ¿cuáles serían las *tres actividades* que más valor tendrían para la empresa?

1. _____

2. _____

3. _____

30. Si tuvieras una varita mágica para *hacer que tu vida sea perfecta* en todo sentido, ¿cómo sería cada aspecto de tu vida?

a. Negocios, vida profesional, ingresos

1. _____

2. _____

3. _____

b. Familia, relaciones personales, estilo de vida

1. _____

2._____

3._____

c. Finanzas, ahorros, inversiones

   1._____

   2._____

   3._____

d. Salud, peso, estado físico

   1._____

   2._____

   3._____

e. Vida personal y actividades

   1._____

   2._____

   3._____

Solo puedes cambiar tu vida de cuatro formas. Primero, puedes hacer *más* de ciertas cosas. Segundo, puedes hacer *menos* de otras. Tercero, puedes *comenzar* a hacer algo que no hayas hecho antes. Cuarto, puedes *dejar* de hacer ciertas cosas para siempre.

31. ¿Qué actividades de tu vida personal o de tu trabajo deberías *hacer más*?

   1. _____

   2. _____

   3. _____

32. ¿Qué actividades de tu vida personal o de tu trabajo deberías *hacer menos*?

1. _____

2. _____

3. _____

33. ¿Qué nuevas actividades deberías *empezar* en tu vida personal o en tu trabajo?

1. _____

2. _____

3. _____

34. ¿Qué actividades de tu vida personal o de tu trabajo deberías *dejar de hacer* definitivamente?

1. _____

2. _____

3. _____

35. Sabiendo lo que sabes, ¿hay alguna situación personal o laboral en la que *no te involucrarías ahora* si tuvieras que hacer las cosas nuevamente?

1. Trabajo: _____

2. Personal del trabajo: _____

3. Inversiones:_____

4. Salud: _____

5. Familia: _____

6. Personas:_____

7. Actividades:_____

8. Otros:_____

36. Enumera *diez metas* para tu vida que te gustaría alcanzar en el futuro, de acuerdo con las respuestas que diste a las preguntas anteriores.

Redacta las metas en primera persona y escribe en presente del modo indicativo, como si ya fueran realidad. Incluye una fecha límite en las metas.

Por ejemplo, «Gano $XXX al 31 de diciembre de 201_», o «Peso XXX kilos o libras al 30 de junio de 201_».

1. _____
2. _____
3. _____
4. _____
5. _____
6. _____
7. _____
8. _____
9. _____
10. _____

37. Imagina que tienes una varita mágica y que puedes lograr cualquiera de las metas que enumeraste en el punto anterior *en apenas veinticuatro horas*. ¿Cuál de esas metas, de alcanzarla, tendría el mayor impacto positivo en tu vida?

_____

_____

38. Escribe tu respuesta a la pregunta número 37 en presente. Redáctala como una afirmación personal

positiva en primera persona, como si ya hubieras alcanzado esa meta.

_____

_____

39. Establece una fecha límite para esa meta. ¿Cuándo quieres lograrla exactamente?

_____

_____

40. Identifica los principales obstáculos que tendrás que superar para lograr esta meta.

    1. _____

    2. _____

    3. _____

41. Identifica los conocimientos, la información y las habilidades adicionales que tienes que adquirir para lograr esta meta.

    1. _____

    2. _____

    3. _____

42. Haz una lista de las personas cuya ayuda y colaboración necesitas para lograr esta meta. (No dejes de incluir a tu familia.)

    1. _____

    2. _____

    3. _____

43. Haz una lista de las cosas que tienes que hacer —las medidas que debes tomar— para lograr esta meta.

1. _____

2. _____

3. _____

4. _____

5. _____

6. _____

7. _____

44. De las medidas que mencionaste en la pregunta anterior, ¿cuál tomarás de inmediato para alcanzar tu meta principal?

_____

_____

Los líderes se conocen a sí mismos. Saben quiénes son y qué desean. Cuanta mayor sea la claridad con la que puedas responder estas preguntas, más eficiente serás como líder.

Tomarás mejores decisiones, establecerás prioridades más claras, asignarás personas y dinero de manera más inteligente, y utilizarás tu tiempo y tus recursos personales de manera más eficaz para lograr más de esas cosas que son importantes para ti. Cometerás menos errores y harás más cosas con mayor eficacia.

Al desarrollar una claridad absoluta respecto de tu persona y de tu situación, pensarás y actuarás de manera más eficiente y obtendrás mejores resultados en todo lo que hagas.

CAPÍTULO TRES

¡Contraataque! Lecciones comerciales de la estrategia militar

Tu capacidad para llevar a la empresa al éxito de mercado y para lograr la victoria en las circunstancias más adversas es la medida clave de tu éxito como líder. Todas las habilidades y capacidades que puedas aportar para ayudar a incrementar las ventas y la rentabilidad te dan una ventaja adicional que te permite lograr el mejor desempeño.

A lo largo de la historia, se ha estudiado a los grandes generales y líderes militares para determinar cuáles son las cualidades y capacidades que les permitieron prevalecer ante fuerzas enemigas hostiles y ferozmente resolutas. Con los años, los estudiantes de historia militar identificaron doce principios de la estrategia militar que, si se aplican de la manera correcta, llevan a la victoria.

En todos los casos, cuando al menos uno de estos principios se ignoró o no se implementó de manera adecuada en una batalla, eso llevó a la derrota y, en algunos casos, a la pérdida de la guerra o la caída de un imperio.

Estos principios de la estrategia militar también se aplican al mundo de los negocios. Cada uno de ellos es fundamental para lograr el éxito en mercados competitivos. La debilidad en una sola área clave puede ocasionar reveses comerciales e incluso llevar a la bancarrota. Vemos ejemplos de esto alrededor y en la prensa financiera prácticamente todos los días.

Principios militares de la estrategia

En mi libro *Victory* [Victoria], hablé con detalle de cada uno de los principios de la estrategia militar y demostré cómo pueden aplicarse a los negocios, las ventas y la vida personal. En este capítulo, presentaré un resumen breve de cada principio y analizaré cómo puedes aplicarlos para ser un líder más eficiente y llevar a tu organización a la victoria. He aquí estos principios:

1. El principio del objetivo

Este principio se refiere a la importancia de establecer objetivos claros por anticipado para cualquier acción militar y explicarlos claramente a todas las personas que se espera que ayuden a alcanzar dichos objetivos.

Al igual que los líderes militares, los líderes comerciales deben establecer objetivos claros para cada acción comercial. Los objetivos son las metas parciales a corto y mediano plazos que con el tiempo llevarán a concretar la meta general de la empresa.

Sin embargo, toda estrategia comienza con decidir qué es exactamente lo que se desea lograr en el largo plazo. La claridad es fundamental. ¿Cuáles son exactamente las metas que tienes para la empresa o la organización que diriges?

Los líderes no solo deben establecer las metas de la organización; también deben comunicar estas metas de manera eficaz a las personas a las que dirigen. ¿Todas las personas en la empresa saben exactamente qué metas intentas alcanzar en el negocio, en qué orden de prioridad, para qué fecha y cómo han de medirse los resultados?

Cuatro preguntas que deben plantearse

Cuando estableces metas y objetivos, debes hacerte cuatro preguntas clave continuamente:

1. *¿Qué es lo que intentas lograr*? ¿Cuáles son las metas en términos de ventas, crecimiento, reducciones de costo, flujo de efectivo y rentabilidad? ¿En qué se apoyan? ¿Son realistas?

2. *¿Cómo intentas lograrlo*? ¿Qué técnicas y métodos específicos utilizas para lograr estas metas? ¿Funcionan? ¿Habrá alguna manera mejor de hacerlo?

3. *¿De qué suposiciones partes*? Las suposiciones pueden ser tanto explícitas y estar claramente expresadas o implícitas y ser aceptadas sin cuestionamientos; son ideas fijas que consideras ciertas y que forman la base de tus decisiones y actos.

4. *¿Qué sucedería si tus suposiciones más preciadas fueran incorrectas*? Por ejemplo, estas son algunas suposiciones básicas comunes a todos los negocios: existe una necesidad de mercado genuina para lo que vendes, y puedes producir y vender ese producto o servicio necesario en grandes cantidades y a un precio lo suficientemente alto como para obtener una ganancia. ¿Qué sucedería si estas suposiciones ya no fueran ciertas? ¿Qué cambios deberías hacer en el negocio?

Si bien los líderes deben ser personas determinadas y seguras de sí mismas, una de las cualidades más valiosas que deben tener es la apertura a la posibilidad de estar equivocados. En épocas de cambios rápidos, puedes estar un poco equivocado, muy equivocado o completamente equivocado. Esto no significa que no estés en lo correcto, pero estar dispuesto a considerar que *podrías* estar equivocado abre la mente a nuevas ideas y nuevas formas de pensar. A veces, las suposiciones se fundan en el pasado, no en el presente. La respuesta a estas preguntas acerca de tus objetivos y las nuevas realidades de tu situación se modifican continuamente, sobre todo en mercados que cambian rápido. Por ello, tú también debes estar preparado para cambiar.

Tal como escribió Alec Mackenzie: «En la raíz de cada fracaso hay suposiciones erradas».

El método MOEPA

Existe una fórmula simple para el pensamiento estratégico que puedes utilizar para afinar drásticamente tu capacidad para establecer y alcanzar las metas y los objetivos que son fundamentales para el éxito de la organización. Se denomina método MOEPA. Este acrónimo refiere a las palabras metas, objetivos, estrategias, planes y actividades.

Establece metas comerciales claras

Las metas son los resultados específicos y mensurables que deseas lograr a largo plazo, en uno, dos, tres y cinco años. Las metas comerciales deben ser claras y específicas y deben ponerse por escrito. Deben ser mensurables y precisas. Además, deben tener una dimensión temporal, con un plazo límite y plazos intermedios de concreción.

Las metas a largo plazo pueden ser tanto cualitativas como cuantitativas. Una meta cualitativa puede ser: «Al menos una publicación de circulación nacional nos reconoce como la empresa que ofrece el producto o el servicio de mejor calidad en nuestro mercado».

Una meta cuantitativa, en cambio, es aquella que puede expresarse en términos numéricos y financieros o económicos. Estos son algunos ejemplos de metas cuantitativas.

1. Los niveles de ventas que quieres que alcance la empresa en uno o dos años o en cualquier marco temporal que decidas
2. Los márgenes brutos de ganancia por las ventas
3. Los márgenes netos de ganancia por las ventas
4. El rendimiento de las inversiones del negocio
5. El precio de las acciones en determinados momentos del futuro

Imagina una escalera apoyada contra un edificio. El último peldaño representa tus metas: ese lugar que quieres alcanzar al final de un período determinado de negocios. Como afirma Steven Covey: «Antes de comenzar a subir la escalera del éxito, asegúrate de que esté apoyada contra el edificio correcto».

Ten claros tus objetivos

Los objetivos son las metas parciales que se deben alcanzar para lograr metas mayores. Siguiendo con la analogía de la escalera contra un edificio, los objetivos son los peldaños de la escalera, los pasos que tendrás que dar para alcanzar tus metas financieras finales.

Si deseas duplicar los márgenes de ganancia bruta de la empresa en el plazo de dos años, ¿qué medidas tomarás durante los dos años siguientes para lograr esa meta? Si en los próximos cinco años deseas que el precio de las acciones recupere el valor que perdió en los cinco años anteriores, ¿qué puedes hacer en el corto y mediano plazos para lograrlo?

Diferentes metas requieren diferentes objetivos. Como líder, tu función es determinar los objetivos adecuados para alcanzar las metas que estableciste en el primer paso. Por ejemplo, recuperar el valor de mercado puede requerir la venta de unidades de negocio poco rentables, mientras que para incrementar los márgenes puede ser necesario eliminar líneas de productos con bajo margen.

El éxito o el fracaso en los negocios está determinado en gran medida por tu capacidad para establecer tus objetivos con precisión y para perseverar de manera resoluta para lograr cada uno de estos objetivos a tiempo y con el nivel de calidad necesario.

Determina tus estrategias

Las estrategias son las maneras específicas en las que se logran cada uno de los objetivos establecidos en el paso anterior. Existe una variedad de métodos y técnicas diferentes. La estrategia que elijas puede ser un factor crítico para el éxito o el fracaso, por lo que es importante seleccionarlas con cuidado.

Desarrolla varias estrategias alternativas para cada objetivo. Ten siempre un plan B. Tu libertad aquí depende de cuán bien desarrolles tus opciones. Nunca te permitas quedar atrapado en un único curso de acción.

Por ejemplo, hay más de veinte maneras diferentes de vender un producto y más de veinte formas de conseguir el dinero que necesitas. La mayoría de las empresas se limitan a una o dos de estas en lugar de explorar alternativas continuamente. Sigue expandiendo tu pensamiento con la pregunta: «¿De qué otra manera podemos alcanzar este objetivo?»

Evalúa cada una de las opciones de acuerdo con las verdaderas capacidades de la organización. Una de las mayores fallas en el pensamiento comercial es pensar: «Porque quiero, puedo». En muchos casos, puedes tener una idea clara de lo que debes o puedes hacer pero no contar con la capacidad financiera o las competencias internas para lograrlo. A veces, la falta de una persona crítica en un puesto clave hace imposible alcanzar un objetivo específico.

Al desarrollar las estrategias, es necesario tomar en cuenta la situación del mercado. ¿Quiénes son tus clientes y qué necesitan? ¿Quién es tu competencia y cuáles son sus posibles respuestas a tu estrategia de quitarles negocios?

Al desarrollar estrategias para lograr objetivos críticos, siempre debe tenerse una idea clara de lo que se hará si el plan inicial no tiene éxito. La regla es «esperar lo mejor y planificar para lo peor». Pregúntate: «¿Qué es lo peor que podría suceder si lanzáramos esta estrategia y no tiene éxito? ¿Qué haremos entonces? ¿Qué postura alternativa tomaremos?»

Haz planes detallados para lograrlos

Los planes son las medidas que la organización y tú tomarán para implementar las estrategias en cada área. Crea un plan donde enumeres todo lo que la empresa tendrá que hacer para lograr un objetivo en particular dentro de una estrategia específica.

Según la regla del 20/80, «el veinte por ciento del tiempo que dedicas a planificar cómo alcanzar tus metas y objetivos te ahorrará el ochenta por ciento del tiempo de ejecución».

Antes de invadir Europa, los oficiales del Comando Aliado trabajaron prácticamente por dos años en la planificación y preparación de la invasión del Día D. Después de la invasión —durante la que innumerables cosas no sucedieron como estaba previsto— le preguntaron al general Eisenhower sobre el valor del plan. Esta fue su respuesta: «El plan no fue nada, pero la planificación lo fue todo».

El propósito de la planificación, el principio del objetivo, es forzarte a pensar de comienzo a fin cada elemento y cada paso crítico que serán necesarios para lograr la meta antes de hacer compromisos irrevocables y tomar medidas irremediables.

En la planificación, comienza por enumerar todos los recursos que necesitarás para alcanzar los objetivos, sobre todo en términos de dinero y personas.

Asegúrate de contar con las capacidades para llevar adelante esta estrategia dentro de la organización, o de poder contar con ellas por medio de la subcontratación o de la colaboración con otras empresas.

Una vez que tengas terminada la lista de pasos, organiza las actividades por orden de prioridad y secuencia.

Para organizarlas por *prioridad*, determina qué es más importante y qué lo es menos. De todas las cosas que podrías hacer para llevar a cabo la estrategia y alcanzar el objetivo, ¿cuál es la medida más importante que se puede tomar?

Para organizar las actividades por *secuencia*, determina qué es lo que debe hacerse primero, qué en segundo lugar, y en qué orden deben cumplirse las demás tareas.

Al planificar tu estrategia, piensa en términos de actividades paralelas así como de actividades secuenciales. Las paralelas son las actividades que pueden realizarse al mismo tiempo, mientras que las secuenciales son las que requieren que algo se haga antes de que se pueda hacer otra cosa.

Todos los líderes y ejecutivos de excelencia son buenos planificadores. Se toman el tiempo para pensar, planificar y decidir antes de tomar ninguna medida. Existe una regla que dice: «Cada minuto dedicado a la planificación ahorra diez minutos de ejecución». Cuanto más tiempo te tomes para pensar antes de actuar, más eficiente serás, y mejores y más predecibles serán los resultados que alcances.

La acción lo es todo

Las actividades son las tareas individuales que todos en la organización deben completar —desde el equipo de liderazgo en la cima hasta los empleados del mostrador— para implementar el plan, aplicar la estrategia, alcanzar el objetivo y lograr la meta. El mejor pensamiento estratégico y la mejor planificación del mundo son inútiles si no se los lleva a la acción. El método MOEPA te lleva desde las metas generales de largo plazo a los planes específicos de corto plazo. El último paso del método consiste sencillamente en hacer.

Una vez que sabes adónde quieres ir y cómo quieres llegar allí, debes decidir un plan de acción diario específico e instaurarlo enérgicamente. En términos militares, este viene a ser el *ataque*. Los líderes siempre piensan en términos de las medidas específicas que pueden tomar, y deciden tomarlas rápidamente y con determinación.

Gestiona el plan

Una vez que hayas utilizado el método MOEPA, puedes gestionar los objetivos por separado, establecer metas de trabajo claras para los demás y para ti, y asegurarte de que todos alcancen esas metas.

No importa cuáles sean las metas, a todas se aplican las mismas reglas de claridad y comunicación. Como líder, debes asegurarte de que todos en la organización comprendan claramente los componentes de MOEPA. No puedes lograr nada solo, ni las *metas*, ni los *objetivos*, las *estrategias*, los *planes* o la *acción*; debe participar toda la organización.

Para hacer una gestión por objetivos, tómate el tiempo necesario para explicar y debatir los objetivos individuales y para lograr el acuerdo de las personas involucradas antes de comenzar. Todas las tareas deben ser mensurables y tener un marco temporal.

Gestiona por responsabilidad: dale la responsabilidad de los resultados a los demás. Ponlos a cargo. Delega tanto el trabajo como la responsabilidad porque se haga. Establece fechas límite para el cumplimiento de cada tarea. Cuando una persona sabe que es responsable de algo y que cuentas con ella, por lo general desempeña la tarea mucho mejor de lo que se habría esperado.

La gestión por objetivos no tiene que ver únicamente con comunicar y delegar; también implica que los líderes le den el apoyo necesario a la organización. Comunica tus objetivos y luego provee el apoyo financiero, de personal u otro apoyo necesario para que dichos objetivos puedan alcanzarse. Los mejores líderes no son únicamente grandes comunicadores y personas que saben delegar; también son grandes facilitadores.

2. El principio de la ofensiva

Esto se refiere a dar el paso del ataque, a tomar medidas enérgicas contra el enemigo para lograr la victoria.

Napoleón dijo: «Las grandes batallas no se ganan a la defensiva». Las empresas no pueden ganar mediante jugar a lo seguro, replegarse o solo recortar costos.

Para tener éxito en cualquier campo de batalla competitivo, debes tomar la iniciativa. Siempre debes estar al ataque, avanzando, innovando continuamente y comercializando de formas nuevas y mejores.

El número más importante para cualquier negocio es el flujo de efectivo. El propósito de la guerra comercial es generar ventas, ingresos y flujo de efectivo de manera pareja, predecible y constante en torno a una competencia determinada a lograr lo mismo.

En los negocios, el equivalente a la ofensiva o el ataque en la guerra es la mercadotecnia y la venta a los clientes.

La clave para el éxito en los negocios es incrementar la actividad de ventas y sus resultados. Alcanzar este éxito requiere publicidad, promoción y mercadotecnia para atraer a los posibles clientes y luego concretar las ventas para convertirlos en compradores. En épocas de incertidumbre económica, todos los esfuerzos y las actividades de la organización deben centrarse en la generación de ventas y en el desarrollo de nuevos clientes.

La principal razón del éxito comercial son los altos niveles de ventas, y la principal razón del fracaso comercial son los bajos niveles de ventas. Todo lo demás es anecdótico.

La pregunta clave para lograr el éxito comercial

En una situación miliar, la unidad militar —ya sea un pelotón, un batallón o toda la fuerza militar aliada— logrará el éxito mediante disparar sus armas y su artillería, lanzar sus misiles, granadas y torpedos y arrojar sus bombas. Sin embargo, estas acciones no se hacen de manera desordenada o asistemática. La ofensiva militar es un esfuerzo concertado y organizado donde hay un papel para cada participante, desde el general hasta el soldado raso. La razón por la que funciona es que los líderes de las unidades se plantearon y contestaron una serie de preguntas; tales como, a qué o a quién hay que atacar, por qué hay que atacarlo y con qué personal y material bélico se atacará.

Mientras que los líderes militares tienen pocas dificultades para mantener a todos los miembros de la unidad enfocados en la manera de alcanzar la victoria —es decir, vencer a un enemigo mediante la fuerza militar—, los líderes de negocios deben esforzarse más para mantener a la organización comercial enfocada en su camino hacia la victoria. Como ya mencioné, el único camino hacia la victoria comercial es vender más.

Desarrollé una serie concisa de preguntas que puedes hacerte y responder con frecuencia para asegurarte de que la empresa y todos en ella estén enfocados en adquirir clientes y vender más.

«¿Qué es exactamente lo que se pretende vender; a quién se le venderá; por qué el cliente preferirá nuestro producto o servicio al de la competencia; cómo se debe identificar y atraer a los clientes; cómo se efectuará la venta y quién la concretará; cuánto cobraremos por ella; cómo cobraremos ese importe; cómo se pagará el producto; cómo se producirá y entregará el producto o servicio; cómo se le dará mantenimiento y servicio; y cómo se gestionarán y supervisarán todas estas actividades?»

Observemos estas preguntas de manera individual:

1. ¿Qué es exactamente lo que se pretende vender?

2. ¿A quién se le venderá?

3. ¿Por qué el cliente preferirá nuestro producto o servicio al de la competencia?

4. ¿Cómo se debe identificar y atraer a los clientes?

5. ¿Cómo se efectuará la venta?

6. ¿Quién la concretará?

7. ¿Cuánto cobraremos por ella?

8. ¿Cómo cobraremos ese importe?

9. ¿Cómo se pagará el producto?

10. ¿Cómo se producirá y entregará el producto?

11. ¿Cómo se le dará mantenimiento y servicio?

12. ¿Cómo se gestionarán y supervisarán todas estas actividades?

Analizaremos las respuestas a estas preguntas en mayor detalle en el capítulo 4. Mientras tanto, ¿cuán claras tienen las respuestas a estas preguntas tú y las personas clave de la empresa? Como líder, tu trabajo no es únicamente conocer las respuestas, sino asegurarte también de que todos en la organización las conozcan —a cada una de ellas. Una respuesta incorrecta a cualquiera de estas preguntas puede tener graves consecuencias y llevar incluso al fracaso del negocio. Asegúrate de que todos conozcan su función respecto de la respuesta a cada pregunta. Por ejemplo, no alcanza con que los empleados sepan cuáles son los productos que vende la empresa; necesitan saber cuál es la implicación de la variedad de productos (o de la gama de precios o el plan de servicio al cliente) para su función en la organización. Piensa en la ofensiva militar: los soldados no saben únicamente cuál es el objetivo que atacarán; también saben cómo se traduce ese objetivo a la acción.

3. El principio de la masa

Este principio se refiere a la capacidad del comandante para concentrar sus fuerzas en un punto: el sitio de mayor vulnerabilidad del enemigo.

En los negocios, tu capacidad para enfocar las energías y los recursos limitados de la empresa en sus mayores oportunidades potenciales es la clave para el éxito personal y corporativo. Si consideras que tu principal competidor es el enemigo, para usar un término militar, busca las áreas en las que sea más vulnerable. Un competidor puede estar intentando ampliar sus líneas de productos hacia sectores en los que tu empresa tiene una trayectoria más larga y mayor reconocimiento de marca. Enfoca tus esfuerzos y recursos en vencer a la competencia en esas áreas.

El principio de la masa no tiene que ver únicamente con debilitar a la oposición, sino también con fortalecer a tu propia empresa. Una de tus mayores responsabilidades como líder es identificar y supervisar los factores críticos para el éxito del negocio. ¿Cuáles son las cifras o los valores que mejor indican la salud del negocio y el éxito de tus actividades? No observes solo los números obvios, como la participación en el mercado o el rendimiento de las inversiones, sino también los que no lo son tanto, como la relación entre los ingresos nacionales y los internacionales. ¿Las ventas internacionales se han incrementado de manera pareja durante los últimos cinco años y las nacionales se mantuvieron estancadas? Si es así, tal vez tengas más posibilidades de crecimiento internacional de las que creías, mientras que es posible que el mercado interno esté saturado.

Con esta nueva información, quizá desees dedicar más recursos y tiempo a las actividades de mercadotecnia internacionales y menos recursos y tiempo (es decir, menos que antes) a las actividades para el mercado interno.

La regla del 80/20, conocida también como el principio de Pareto, es un excelente ejercicio que te ayudará a enfocarte en las áreas en las que tienes las mayores oportunidades de crecimiento y éxito. El economista italiano Vilfredo Pareto desarrolló esta regla mientras medía la distribución de la riqueza en Italia a comienzos del siglo xx. En ese entonces, descubrió que el ochenta por ciento de la riqueza estaba en manos del veinte por ciento de las personas. Sin embargo, fue el pionero estadounidense de la calidad Joseph Juran quien descubrió el verdadero poder de la regla del 80/20 cuando se dio cuenta de que esta se aplicaba a todas las áreas comerciales.

Aplica esta regla a todos los aspectos de la empresa.

1. ¿Quiénes componen el veinte por ciento de los clientes que representan el ochenta por ciento del negocio?

2. ¿Cómo se conforma el veinte por ciento de los productos que representan el ochenta por ciento del volumen de ventas?

3. ¿Cuál es el veinte por ciento de las actividades de venta y mercadotecnia que se traducen en el ochenta por ciento de las ventas?

4. ¿En qué consiste el veinte por ciento de los métodos de venta y mercadotecnia que atrae al ochenta por ciento de los clientes nuevos?

5. ¿Cómo se compone el veinte por ciento de los productos, los servicios y las actividades comerciales que ocasionan el ochenta por ciento de las ganancias?

Cada respuesta revela dónde debes enfocar las fuerzas que tienes a tu cargo; es decir, los recursos humanos, el dinero y las competencias de la empresa. Por ejemplo, las iniciativas de retención de clientes deben centrarse en el veinte por ciento de los clientes que representan el ochenta por ciento de los ingresos; estos son los clientes que deseas conservar.

Tu capacidad para concentrarte resolutamente en las actividades que representan el mayor valor potencial para el negocio es una cualidad fundamental del liderazgo y es indispensable para alcanzar el éxito.

4. El principio de la maniobra

Este principio se refiere a la capacidad para mover las fuerzas de ataque de manera que puedan flanquear al adversario y atacarlo donde es más vulnerable.

Prácticamente todas las grandes victorias militares son el resultado de la velocidad y el movimiento. Aplicado a los negocios, el principio de la maniobra se refiere a la innovación y la flexibilidad.

La innovación implica estar permanentemente a la búsqueda de formas mejores y más rápidas, económicas, sencillas y eficaces de producir y vender los productos y servicios. Una mejora pequeña respecto de los competidores puede significar una ventaja en el mercado.

La flexibilidad tiene que ver con probar continuamente cosas y métodos nuevos. Es negarse a estancarse en una zona de confort o a enamorarse de la manera actual de hacer negocios.

Aplica el pensamiento base cero en todas las áreas

Es posible que la herramienta más potente que se puede utilizar para mantener la flexibilidad y la eficiencia en épocas de cambios rápidos sea lo que denomino *pensamiento base cero*.

En el pensamiento de base cero —que proviene de la contabilidad base cero—, nos hacemos continuamente la pregunta: «Sabiendo lo que sé ahora, ¿hay algo de lo que estoy haciendo que no volvería a empezar si tuviera que comenzar de nuevo?»

A esto, lo llamo análisis SLQS (las siglas de «sabiendo lo que sé»). En el capítulo 2 llevaste a cabo un análisis SLQS personal (consulta la pregunta 35). Ahora, es momento de analizar tu negocio. En épocas de cambios rápidos, descubrirás una y otra vez que algunas ideas y algunos planes de acción que parecían razonables o incluso excelentes en su momento ya no son adecuados y hasta pueden ser contraproducentes.

Convierte la aplicación del pensamiento base cero a todos los aspectos del negocio en un hábito:

1. ¿Hay alguna persona que trabaje para ti a quien hayas contratado, designado o ascendido a la que ahora, sabiendo lo que sabes, no contratarías, ascenderías o designarías?

   1. _____

   2. _____

   3. _____

2. ¿Hay algún producto o servicio que, sabiendo lo que sabes, no volverías a desarrollar o a lanzar al mercado hoy?

   1. _____

   2. _____

   3. _____

3. ¿Existe algún servicio que se ofrezca a los clientes en conjunto con otras actividades comerciales que hoy, sabiendo lo que sabes, no volverías a implementar?

   1. _____

   2. _____

   3. _____

4. Sabiendo lo que sabes, ¿hay algún gasto comercial, en cualquier área, que no volverías a autorizar hoy?

1. _____

2. _____

3. _____

5. ¿Hay algún proceso o actividad comercial en tu negocio que, sabiendo lo que sabes, no volverías a instaurar actualmente si tuvieras que comenzar de nuevo?

1. _____

2. _____

3. _____

6. ¿Existe alguna inversión o compromiso de tiempo, dinero o emociones que, sabiendo lo que sabes, no volverías a asumir hoy?

1. _____

2. _____

3. _____

¿Cómo puedes saber si te encuentras en una situación en la que es necesario aplicar el pensamiento base cero? Es simple: ¡te sientes estresado! Cuando experimentes estrés crónico o irritación continua, o la insatisfacción te comience a seguir a todas partes, pregúntate: «Si no estuviera haciendo esto, volvería a empezarlo hoy?»

Enfrenta la realidad

Cada vez que llegues a un punto de identificar una situación de pensamiento base cero, si tu respuesta es «No. No volvería a meterme en esta situación si tuviera que comenzar de nuevo», la siguiente pregunta que debes hacerte es «¿Cómo salgo de esta situación, y cuán rápido?»

La principal razón por la que las personas quedan atrapadas en situaciones de pensamiento base cero es el ego: no pueden admitir que cometieron un error. Tienen miedo de decirles a los demás que cambiaron de opinión. No quieren enfrentarse al hecho de que su decisión original estaba equivocada.

Pero no tiene que ser así para ti. Realiza un análisis SLQS de cada aspecto de tu vida en el que experimentes estrés o irritación de cualquier clase.

Requiere mucha valentía admitir que no eres perfecto, que cometiste un error y que una de tus preciadas decisiones del pasado resultó ser incorrecta. Sin embargo, apenas admitas que se produjo una situación de pensamiento base cero y des los pasos necesarios para eliminarla, todo el estrés desaparecerá.

Con el correr de los años, he trabajado con miles de ejecutivos en el ámbito del pensamiento base cero. Una vez que finalmente admitían que, sabiendo lo que sabían, no volverían a ponerse en esas situaciones, y ponían en marcha la resolución lo antes posible, todos tenían la misma reacción: «Debí haberlo hecho hace mucho tiempo».

Una vez que decidas tomar el toro por las astas y lidiar de manera frontal con una situación que no funciona, experimentarás una gran sensación de libertad y júbilo; todo el estrés desaparecerá. Toda tu energía mental estará disponible para que la centres en el futuro, para que te enfoques en lo que puedes hacer y en lo que puedes lograr en lugar de preocuparte por una situación inconveniente.

5. El principio de la inteligencia

Este principio se refiere a la necesidad de obtener información de primera calidad con respecto a las acciones y los movimientos del enemigo.

En términos militares, cuanto más sepa el comandante sobre las fuerzas del adversario, sobre sus filas y despliegue, mejor podrá planificar la estrategia necesaria para vencerlo.

En los negocios, cuanto más se sepa y comprenda acerca de la competencia y el mercado, más éxito se obtiene. Cuánto más tiempo dediques a entender en profundidad al mercado, los principales competidores y sus productos más atractivos, mayor entendimiento adquirirás, lo que te permitirá tomar las medidas necesarias para efectuar ventas en mercados difíciles.

En conjunto con el equipo de liderazgo, crea una grilla de análisis de la competencia para comparar la empresa y sus productos y servicios con cada uno de los competidores principales.

1. ¿Cuáles son los principales productos y servicios de los competidores? ¿A quiénes les venden? ¿Por qué esos clientes le compran a la competencia y no a nosotros?

2. ¿Qué reputación tienen nuestros competidores? ¿Qué dicen las personas sobre ellos que podría hacerlos ver como un proveedor de nuestros productos y servicios más deseable a los ojos de nuestros potenciales clientes?

3. ¿Cuál es la calidad percibida de su producto o servicio? En una escala del uno al diez, qué puesto ocupan en la clasificación de calidad en el mercado en comparación con nosotros? Los clientes siempre compran lo que perciben como de la mejor calidad posible por el monto que están dispuestos a gastar. ¿Qué lugar ocupamos en esta área en comparación con nuestros clientes?

4. ¿Cuáles son los precios de la competencia por productos y servicios similares a los que ofrecemos nosotros? Nuestros

precios, ¿son más altos o más bajos que los de ellos? ¿Podemos cambiar la estructura competitiva en nuestro mercado si alteramos los precios de alguna forma?

5. ¿Qué tipo de personas tiene nuestra competencia como ejecutivos, gerentes y personal? ¿Qué comparación puede hacerse con los de nuestra empresa? ¿Tienen una política enérgica respecto de la capacitación y el ascenso de su personal? ¿Pagan mejor para atraer mejores empleados? ¿Cómo podemos posicionar a nuestra empresa contra la de la competencia en lo que respecta a recursos humanos?

6. ¿Cuál es la calidad de su fuerza de ventas? ¿Tienen vendedores excelentes con una gestión profesional y un alto grado de capacitación? La empresa con los mejores vendedores siempre vende más que la que tiene una fuerza de ventas de menor calidad.

7. ¿Cuál es su ventaja competitiva? ¿En qué área se destacan? ¿De qué forma se percibe a la competencia como superior a nosotros, y qué podemos hacer para remediarlo?

En algunas empresas, los líderes no conocen las respuestas a estas preguntas importantes —y no porque no las formulen, sino porque no les dan las respuestas correctas. Tanto en los negocios como en el ámbito militar, el principio de la inteligencia depende del flujo de buena inteligencia desde el frente a los comandantes. No puedes desarrollar la información que necesitas para responder estas preguntas tú solo. Sin embargo, hay muchas razones por las que las personas a tu cargo podrían querer ocultarte las verdaderas respuestas. ¿Castigas las malas noticias? ¿Endilgas culpas? ¿Te niegas a creer las cosas que no deseas escuchar? Si reaccionas de manera negativa o destructiva a las malas noticias, no recibirás la información que necesitas para tomar las decisiones correctas.

Una vez que cuentes con una evaluación realista y honesta de la competencia basada en información verdadera y sin limitaciones, pregúntate una y otra vez: «¿Cómo podemos usar la cabeza y nuestras capacidades para ser mejores estrategas que la competencia?» Cualquiera puede gastar más dinero, pero la mercadotecnia de innovación requiere creatividad.

6. El principio de la acción coordinada

Este principio tiene que ver con la capacidad del general a cargo para asegurarse de que todos los integrantes de sus fuerzas trabajen juntos en armonía y colaboren tanto en las operaciones de ataque como de defensa.

Un ejército moderno, bien organizado, muy profesional y con un buen funcionamiento puede vencer a un ejército desorganizado que multiplique varias veces su tamaño. Podemos ver esto en las guerras modernas, donde ejércitos pequeños, con un buen mando y una buena coordinación, obtienen grandes victorias en condiciones verdaderamente adversas. Vimos esto en conflictos en Medio Oriente tan remotos como a la victoria de Alejandro Magno sobre Darío en la batalla de Arabela en el año 331 A.C., cuando el ejército de un millón de hombres de Darío fue vencido por 50,000 soldados macedonios de primera al mando de Alejandro.

El equivalente de esto en los negocios modernos es un equipo. Todo el trabajo se hace en equipo. Las mejores empresas tienen equipos excelentes, eficaces y bien organizados que logran resultados comerciales de manera eficiente.

En la actualidad, el trabajo del gerente es el trabajo del equipo. La tarea del gerente es organizar al equipo y facilitar su trabajo de manera que obtenga excelentes resultados. La elección de los miembros del equipo es tan importante que examinaremos en mayor profundidad este punto en el capítulo 5, y en el capítulo 8 analizaremos con detalle el arte de la formación de equipos.

7. El principio de la unidad de mando

Este principio se refiere a la necesidad de claridad absoluta respecto de quién está a cargo de cada área de actividad, desde el oficial a cargo hacia abajo.

Las mejores empresas tienen un liderazgo claro en todos los niveles; todos saben quién está a cargo.

Para que una persona tenga un desempeño eficiente, debe tener solo un jefe y reportarse a una sola persona.

Como líder, debes ser absolutamente claro respecto a tus expectativas de desempeño para cada persona. Todos deben saber de manera precisa qué esperas que hagan, para cuándo y con qué nivel de calidad.

Tal vez una de las mejores maneras de lograr y mantener la unidad de mando es organizar reuniones y discusiones semanales con el personal e incluir un orden del día y tareas de seguimiento. Los mejores líderes y las mejores organizaciones se reúnen con frecuencia para compartir información y conversar acerca del trabajo.

8. El principio de la simplicidad

Este principio está relacionado con la importancia de que las órdenes, las instrucciones y los planes de batalla sean claros y simples de manera que las personas que deben llevarlos a cabo los entiendan con facilidad.

Los buenos planes se entienden y se ejecutan fácilmente. Los buenos líderes se esfuerzan por lograr la simplicidad en todos sus pedidos y conversaciones.

Una de las claves para garantizar la simplicidad y la comprensión es poner las ideas por escrito. Asegúrate de que todos tomen notas y escriban durante las discusiones.

Cuanto mayor sea la cantidad de pasos en un proceso laboral, mayor será la probabilidad de malos entendidos, errores, costos adicionales y retrasos en la finalización. El simple hecho de eliminar pasos y minimizar la complejidad aumenta drásticamente tanto la eficacia como la eficiencia de las operaciones comerciales.

9. El principio de la seguridad

Este principio se refiere a la importancia de estar preparados para ataques sorpresa o reveses inesperados.

En los negocios, la tarea más importante del líder es asegurar la supervivencia de la empresa. El principio de la seguridad requiere que mires hacia delante y preveas qué podría dañar el negocio o amenazar su supervivencia.

Una de las claves para la supervivencia de un negocio es tan básica que suele pasarse por alto o darse por sentado: el dinero en efectivo. Esto no es lo mismo que las ganancias o los ingresos por ventas. Un concesionario de automóviles que vende un vehículo de $40,000 dólares tiene ingresos por venta de $40,000 dólares, pero no tendrá ese dinero en efectivo hasta que la institución que financia la venta le pague.

El efectivo manda. Para garantizar la supervivencia y prosperidad del negocio, es necesario que el personal de contabilidad te dé proyecciones de efectivo claras y conservadoras a seis y doce meses. Debes controlar y gestionar el flujo de efectivo de manera semanal y hasta diaria. Debes hacer todo lo posible para acumular reservas financieras y prepararte para contratiempos inesperados o déficits financieros.

Quedarse sin efectivo es una de las sorpresas o reveses inesperados que pueden amenazar la vida de una empresa. ¿Cómo te preparas para otras sorpresas, como la aparición de un nuevo competidor que ataca tu participación en el mercado o de un producto nuevo que hace que el tuyo se vuelva obsoleto? ¿Cómo te preparas para cambios en las preferencias de los clientes, para nuevas regulaciones gubernamentales que afectan tu negocio o para cualquiera de las otras sorpresas posibles que pueden estar esperándote a la vuelta de la esquina? El quid de los negocios es simple: ganas dinero cuando los clientes compran tus productos, por lo que más clientes se traducen en más dinero y en mayores posibilidades de supervivencia a largo plazo para el negocio. Como dije, el quid de los negocios es simple, pero las amenazas y sorpresas que pueden hundir a una empresa pueden provenir de una gran variedad de fuentes.

Una de las mejores herramientas que pueden utilizar los líderes para garantizar la seguridad a largo plazo de sus empresas se denomina *planificación por escenarios*. Existen una amplia variedad de problemas, contratiempos y sorpresas desagradables que pueden acontecerle a la empresa en el largo plazo. La planificación por escenarios nos hace pensar acerca de qué podría salir mal para prepararnos para el día de mañana. En este tipo de planificación, se desarrollan tres o cuatro escenarios detallados de la empresa y de su entorno a cinco, diez o veinte años (la cantidad de años depende de la celeridad con la que los cambios pueden afectar drásticamente la industria). Estos escenarios cuentan con muchos detalles: se describen la línea de productos, los clientes, la competencia y también todos los factores medioambientales que pueden tener un efecto en el negocio, como las nuevas regulaciones federales. Una vez que se completan los escenarios, pueden tomarse medidas realistas a corto plazo para prepararse para ellos. ¿Alguno de los escenarios prevé la posibilidad de que un competidor gane ventas por vender productos más económicos que los tuyos? Si es así, ¿qué debes hacer hoy para reducir los costos y darle más valor a tu producto?

La planificación por escenarios permite identificar las peores cosas que podrían afectar la capacidad de la empresa para sobrevivir. Luego, haz un plan para asegurarte de que, en caso de que tenga lugar alguno de esos reveses, ya tengas una estrategia desarrollada para lidiar con él.

La planificación por escenarios es una actividad de liderazgo pero, nuevamente, la eficacia de las decisiones y las medidas que tomes dependen de lo veraz que sea la información que recibas. Asegúrate de que en las sesiones de planificación por escenarios participen empleados y gerentes de todos los niveles de la organización. Los escenarios que desarrolles deben basarse en la realidad, y la vista que se tiene desde la cima no siempre la refleja.

10. El principio de la sorpresa

Este principio se refiere a la importancia de tomar medidas que el enemigo no pueda prever.

Todas las grandes victorias son el resultado de la sorpresa, de hacer algo completamente distinto de lo que esperaba el enemigo.

En cualquier mercado, es probable que llevar a cabo los negocios siempre de la misma manera no funcione. Debes buscar diferentes maneras de hacer negocios con distintos clientes, en distintos mercados, con precios diversos y con diferentes canales de distribución.

En el ámbito militar, se utiliza una estrategia denominada *multiplicador de fuerza*. Este es un factor que puede utilizar una fuerza atacante para incrementar su poder de ataque, aun cuando tenga menos hombres y menos armas.

Uno de los multiplicadores de fuerza más potentes es la velocidad. La *Blitzkrieg* (guerra relámpago) utilizada por los alemanes en la Segunda Guerra Mundial es un buen ejemplo de esto. El general George Patton utilizó el multiplicador de fuerza de la velocidad para atravesar Europa a toda prisa hacia el final de la Segunda Guerra Mundial, rodear a los ejércitos alemanes y tomar cientos de poblados y tropas a una velocidad rara vez vista en la historia de las guerras.

Cuando se tiene una buena idea comercial, implementarla rápidamente puede dar una ventaja respecto de la competencia.

También puedes utilizar la creatividad, la capacidad para encontrar formas de entrega de los productos y servicios mejores y más rápidos, como multiplicador de fuerza.

El enfoque y la concentración también son multiplicadores de fuerza. Tu capacidad para concentrar tus energías en los clientes y los mercados clave puede darte un poder de ataque que exceda en mucho tu tamaño o tus recursos reales.

Una forma de utilizar el principio de la sorpresa es hacer exactamente lo opuesto a lo que estuviste haciendo hasta ahora. Por ejemplo, en lugar de vender un producto, la empresa puede ofrecerlo gratis, pero para que el cliente reciba el producto «gratuito», debe firmar un costoso contrato de servicios para garantizar el correcto funcionamiento del producto.

Debes estar preparado para abandonar un mercado por completo y concentrar los recursos en uno nuevo. Intel se transformó a sí misma y al mundo de la alta tecnología cuando abandonó el mercado de bajo costo y bajos márgenes de los chips y se zambulló por completo en el de los microprocesadores. El resto es historia.

Busca nuevas formas de generar ganancias a partir de los recursos existentes de manera continua. ¿Cómo pueden combinarse los productos y servicios para crear ofertas nuevas y más valiosas? ¿Cómo pueden descomponerse los productos y servicios para resultar más atractivos o accesibles para los clientes actuales?

El mayor enemigo de la aplicación del principio de la sorpresa en los negocios es el síndrome «No se inventó aquí». Para contrarrestar esta tendencia, debes buscar continuamente diferentes negocios en distintos mercados, ofrecer los productos y servicios a diversos clientes y siempre buscar formas de abordar al mercado de maneras inesperadas.

Ten en cuenta que muchos líderes sabotean el principio de la sorpresa en sus propios negocios. La creatividad y la innovación requieren flexibilidad y asumir riesgos. Los gerentes y empleados de la empresa no intentarán algo nuevo si no se les permite fallar. Tampoco intentarán combinar productos para formar ofertas de mayor valor ni descomponerlos en partes más pequeñas si se les castiga cuando las iniciativas no están a la altura de las expectativas. Del mismo modo, los empleados y gerentes no probarán algo nuevo si no se les dan los recursos y el tiempo necesarios para alcanzar el éxito o si cada iniciativa nueva se encuentra con un rechazo.

Como líder, eres tú quien establece el entorno donde las personas que tienes a cargo piensan y trabajan. Las empresas que sorprenden al mercado y a la competencia son las que tienen una cultura de riesgo y experimentación —y la implementación de esa cultura depende de ti.

11. El principio de la economía

Este principio está relacionado con la importancia de no utilizar más hombres y materiales bélicos para cumplir un objetivo militar de los necesarios o de los que el objetivo merece.

En los negocios, el principio de la economía significa que todo se hace con el menor costo posible. Se realiza un meticuloso análisis financiero antes de asumir un compromiso; siempre se cuenta con dinero en efectivo; se buscan formas de ahorrar dinero y de reducir los gastos continuamente.

Utiliza el poder del pensamiento para reemplazar el poder financiero. Busca maneras de alcanzar los objetivos comerciales de las formas más económicas posibles. Existen dos reglas para lograr el éxito financiero en los negocios. La primera es «No perder dinero», y la segunda, «Cuando te sientas tentado, aplica la regla número uno».

Solo gasta dinero donde pueda tener un efecto directo en el incremento de las ventas o los ingresos. No destines dinero a gastos o actividades que no generen ingresos hasta que tengas reservas de efectivo excesivas en el banco.

Trata a la empresa como si estuviera en plena reestructuración todo el tiempo. Haz de cuenta que la empresa estuvo a punto de quedar en bancarrota. ¿Qué gastos puedes recortar o anular? ¿Qué medidas se pueden tomar para garantizar la supervivencia del negocio?

La clave del éxito comercial es practicar la frugalidad en todas las ocasiones. Cuida el dinero; consérvalo, acapáralo. Acumula reservas. Busca siempre formas más económicas de llevar a cabo la misma tarea.

12. El principio de explotación

Este principio hace referencia a la importancia de que el ejército vencedor aproveche al máximo la victoria.

Los comandantes militares usan el principio de explotación cuando logran un avance importante o una ventaja militar: destinan todos los hombres al avance o a la oportunidad para ganar tanto terreno como sea posible.

En los negocios, esto significa realizar un seguimiento cuando se logra un éxito de mercado o se consigue un nuevo cliente, y seguir adelante.

Como líder de negocios, debes alentar a las personas que tienes a cargo a que nunca se den por satisfechas ante una victoria o un avance inicial. Si un producto nuevo tiene éxito, los equipos de desarrollo de productos y de mercadotecnia deben recibir sus merecidos aplausos y reconocimientos por su éxito, pero deben empezar inmediatamente a buscar el siguiente gran producto. Como líder, una forma de exigir esta actitud es requerir que la mayor parte de las ventas de la empresa provenga de la venta de productos lanzados al mercado en los últimos cinco años.

Del mismo modo, si se consigue un nuevo cliente debes alentar al personal de ventas a que le vendan todo lo que puedan a ese cliente o mercado nuevo. Deben buscar formas de incrementar las ventas y de hacer ventas cruzadas de más productos y servicios por medio de hacer feliz a ese cliente con esa decisión de compra inicial. Una vez más, como líder puedes tanto alentar como sabotear este comportamiento. Algunos líderes se centran más en las cifras correspondientes a los nuevos clientes y menos en las tasas de retención de clientes, si bien es mucho más costoso conseguir un cliente nuevo que retener a uno existente. En consecuencia, el personal de ventas dedica más tiempo a conseguir nuevos clientes y menos a conservar los que ya tienen.

Existen solo tres maneras en las que la empresa puede incrementar las ventas y los ingresos:

1. Venderle a más *clientes*. Esto se logra con mejor mercadotecnia, mayor velocidad, más actividades de venta y mejor capacitación en ventas.

2. Venderle *más* a cada cliente. Esto se logra incrementando las ventas al cliente y ofreciéndole descuentos por mayores compras o recomendándole accesorios para lo que ya le hayas vendido. Como diría Shakespeare, una vez que tienes un cliente, «átalo a ti con ganchos de acero».

3. Lograr *ventas más frecuentes* a cada cliente mediante ofertas especiales, publicidad estratégica y promociones especiales.

Las maneras más rentables de incrementar las ventas y los ingresos son las números 2 y 3: explotar a los clientes que ya se tienen.

La estrategia del servicio de calidad

La verdadera clave para lograr el máximo desarrollo y la máxima explotación de un cliente, de hacer que el cliente compre más, es ofrecer un servicio al cliente extraordinario.

En los ámbitos de ventas y servicio al cliente, la pregunta más importante es «Sobre la base de su experiencia con nosotros, ¿nos recomendaría?»

Es diez veces más sencillo lograr una venta repetida a un cliente satisfecho que volver al mercado para conseguir un cliente nuevo. Es quince veces más fácil lograr una venta como resultado de una recomendación que a causa de una llamada en frío. Todo lo que pueda hacer la empresa para lograr la lealtad del cliente se traduce en incrementos de ventas, ventas repetidas y recomendaciones.

Las empresas más rentables tienen los niveles más altos de ventas repetidas y de lealtad de los clientes. ¿Qué puedes hacer de hoy en adelante para implementar una estrategia de preeminencia gracias a la cual tu cliente te vea como el único proveedor de lo que vendes?

La gran ley

La gran ley que rige al universo es la ley de causa y efecto. De acuerdo con ella, cada efecto tiene al menos una causa. Todo sucede por una razón. El éxito no es accidental; el fracaso, tampoco.

Según la ley de causa y efecto, si haces lo mismo que otros negocios de éxito, con el tiempo lograrás los mismos resultados que ellos; si no haces lo mismo que ellos, te encontrarás con el fracaso, la frustración y la derrota en el mercado.

Los doce principios cubiertos en este capítulo rara vez se enseñan en escuelas de negocios; solo se enseñan en academias militares como West Point, Annapolis, Sandhurst y L'Ecole Speciale Militaire de Saint-Cyr, en Francia. Resulta interesante notar la gran cantidad de oficiales militares de la Segunda Guerra Mundial que en los años posteriores dirigieron importantes corporaciones con gran éxito. Ellos descubrieron que los principios de la estrategia para lograr el éxito también podían aplicarse también a la competencia corporativa.

La tarea más importante que realizas como líder es pensar. La calidad de tu pensamiento determina la calidad de tus decisiones. A su vez, la calidad de tus decisiones determina la calidad de tus actos. La calidad de tus actos determina la calidad de tus resultados. Todo depende de la calidad de tu pensamiento.

Cuando los apliques en tu negocio, estos principios militares de estrategia te proporcionarán una serie de herramientas intelectuales que podrás utilizar para lograr la victoria sobre una competencia resoluta en el mercado.

4

¡Gestión magistral!

> *«Nos sobra liderazgo, pero nos falta gestión».*
>
> —Henry Mintzberg

En la revista *Business Week*, Henry Mintzberg escribió que muchos líderes no se ven a sí mismos como gerentes. Creen que su trabajo es «hacer lo correcto» mientras que otros son los responsables de «hacer las cosas correctamente». Esto puede quedar bien en una presentación de consultoría en PowerPoint o en un artículo académico, pero lo cierto es que, sobre todas las cosas, los líderes son gerentes. Hacen que las cosas sucedan, obtienen resultados, organizan a las personas, asignan recursos, implementan estrategias. Hacen lo que sea necesario para que las cosas se hagan. En *El arte de la ejecución en los negocios*, Larry Bossidy escribe: «Solo el líder puede concretar la ejecución por medio de su profundo involucramiento personal en la materia y hasta los detalles de la ejecución».

Las siete funciones de un gerente

En toda empresa, los gerentes tienen siete funciones clave. Todas ellas se aprenden por prueba y error, y mediante la práctica continua. Pero todas *pueden aprenderse* y, para lograr tu máximo potencial como líder, debes aprenderlas.

Una de las cualidades de gestión más importantes es la *flexibilidad*. Cuantas más herramientas y habilidades mentales diferentes tengas para obtener el máximo y lo mejor de las personas a tu cargo, más flexible —y, por ende, más eficiente— serás como gerente.

Todas las funciones tienen la misma importancia. Norman Augustine, presidente de Martin Marietta, escribió: «La habilidad menos importante establece la medida en la que un ejecutivo usa todas las demás». Con los años, he descubierto que la habilidad clave menos desarrollada de las personas determina sus niveles de ingresos y de éxito. Un ejecutivo puede ser excelente en muchas áreas, pero aquellas en las que es más débil le impedirán lograr todo lo que podría.

Califícate del 1 al 10 en cada una de estas funciones clave. Sé honesto contigo mismo y recuerda: todas pueden aprenderse mediante la práctica.

1. Planificación

La planificación es el proceso de determinar exactamente qué debe hacerse.

La causa de todos los fracasos es actuar sin planificación. En cambio, las acciones precedidas por una planificación meticulosa suelen ser la razón detrás de todo éxito.

Pon tus ideas por escrito. Escribe cada detalle de la meta o del objetivo y cada medida que tendrás que tomar para lograrlo.

Reúne datos, sobre todo datos financieros. Niégate a apoyarte en suposiciones o en la esperanza de que todo saldrá bien. Prepárate mentalmente para abandonar el plan y probar con otra cosa en caso de que te des cuenta de que tu objetivo no puede lograrse con el método con el que comenzaste.

Así como existe la ley del 80/20, también existe la del 10/90, que dice: «El primer diez por ciento del tiempo que dedicas a la planificación suele traducirse en el noventa por ciento del éxito que se logra al poner el plan en marcha».

En el ámbito de la estrategia comercial, el propósito es incrementar el rendimiento sobre acciones ordinarias o ROE, según sus siglas en inglés. El objetivo de la empresa es ganar lo máximo posible a partir del monto de dinero invertido en el negocio. Al establecer una estrategia personal, tu meta debe ser incrementar la «rentabilidad de la energía»; es decir, la cantidad de energía mental, emocional y física que inviertes para obtener resultados.

Como ahorras diez minutos de ejecución por cada minuto que le dedicas a la planificación, si piensas muy bien cada detalle crítico antes de comenzar, obtienes un ROE del mil por ciento.

La verdadera vara con la que se mide la capacidad de planificación es simple: que el plan funcione. Como resultado del plan, obtienes los resultados proyectados. Si el plan no funciona, debes cambiarlo por otro hasta que lo haga. Una de las principales razones del fracaso como líder es la incapacidad de cambiar un plan que falla por uno exitoso —o la negativa a hacerlo.

Recuerda la fórmula de las Seis Ps: *Una propicia planificación previa previene un «performance» pobre.*

2. Organización

La organización es el proceso de ensamblar las personas y los recursos necesarios para cumplir el plan y alcanzar las metas.

Se trata de una habilidad clave del liderazgo. Las personas que tienen buenas capacidades de organización son invaluables en cualquier tipo de entidad. Nada sería posible sin ellas.

En su forma más simple, la organización requiere hacer una lista de todo lo necesario para llevar a cabo el plan de acuerdo con la planificación y el presupuesto. Estos componentes incluyen dinero, personas, oficinas, equipos y tecnología. Para asegurarte de no olvidar nada fundamental, la lista debe estar terminada antes de emprender ninguna acción.

«Por falta de un clavo, el caballo se perdió. Por falta de caballo, el jinete se perdió. Por falta de jinete, la batalla se perdió. Por falta de batalla, el reino se perdió, y todo por falta de un clavo de herradura».

Proverbio inglés

Organiza la lista de requisitos de manera secuencial; es decir, qué tienes que hacer antes que otra cosa —y por orden de prioridad— qué es más importante y qué tiene menor importancia. Comienza por los elementos más esenciales del plan.

Acepta o asigna responsabilidades claras por cada tarea o actividad. Practica la regla de la organización del 20/80. Esta regla afirma que el veinte por ciento del tiempo que se dedica a la planificación y a la organización es tan valioso —o más— que el ochenta por ciento de tareas restantes.

3. Personal

Debes atraer y conservar a las personas que necesitas para llevar a cabo el plan y lograr los resultados deseados.

Tu capacidad para contratar y conservar a las personas adecuadas se traducirá en hasta el noventa y cinco por ciento del éxito total que alcances. Del mismo modo, la mayoría de las frustraciones y fracasos serán el resultado de tener a las personas incorrectas en puestos clave.

Dado que este punto es tan crítico en lo que respecta a convertirse en un líder excelente, lo analizaremos en profundidad en el capítulo 5.

4. Delegar

Delegar es la habilidad de asignar la tarea correcta a la persona indicada, de la manera adecuada.

Siempre existen dos alternativas: puedes ser tú quien haga el trabajo, o puedes asignárselo a otra persona. La buena delegación tiene lugar cuando te aseguras de que otra persona haga el trabajo con un nivel de calidad aceptable.

Tu capacidad para delegar de manera eficaz es fundamental para optimizar tus propios recursos y multiplicar el valor que tienes para la empresa. Delegar te permite ir de lo que puedes hacer personalmente a lo que puedes gestionar.

La delegación es una de las habilidades de gestión más importantes. Sin la capacidad para delegar eficaz y adecuadamente, no podrás avanzar a puestos de gestión de mayor responsabilidad.

Esta habilidad no tiene que ver solo con maximizar tu propia productividad y valor; también tiene que ver con maximizar la productividad del personal. Tu tarea como gerente es lograr el máximo rendimiento de la inversión que la empresa hizo en personal. En la actualidad, la persona promedio trabaja al cincuenta por ciento de su capacidad. Con un grado de delegación eficaz, puedes aprovechar ese potencial del cincuenta por ciento en desuso para incrementar la productividad del personal.

Como gerente, tu trabajo consiste en desarrollar a las personas que tienes a cargo. La delegación es el medio que puedes utilizar para sacar lo mejor de las personas que ya trabajan contigo.

El primer paso consiste en pensar la tarea de principio a fin. Decide exactamente qué debe hacerse. ¿Cuál es el resultado que esperas?

El segundo paso es establecer estándares de desempeño. ¿Qué medida usarás para determinar si la tarea se realizó correctamente?

El tercer paso estriba en determinar un cronograma y establecer una fecha límite para la finalización de la tarea.

Madurez relacionada con las tareas

La madurez de tu personal respecto de las tareas —es decir, hace cuánto que están en el puesto y cuán competentes son— determina el modo en el que delegarás el trabajo.

Un grado bajo de madurez relacionada con las tareas significa que estas personas son nuevas en el puesto y no tienen experiencia. En este caso, utiliza un estilo de delegación directivo: diles exactamente qué quieres que hagan.

Un grado medio de madurez relacionada con las tareas significa que el personal tiene experiencia en ese trabajo; es decir, sabe lo que hace. En este caso, utiliza el método de delegación de gestión por objetivos: diles cuál es el resultado final que deseas obtener, y luego quítate de su camino y déjalas hacer su trabajo.

El nivel alto de madurez relacionada con las tareas es el que se presenta cuando la persona tiene absoluta competencia y experiencia en el trabajo. Aquí, el método de delegación es simplemente una interacción relajada.

El arte de la delegación

Existen siete puntos fundamentales para lograr una delegación eficaz:

1. Escoger a la persona indicada. Elegir a la persona incorrecta para una tarea clave es uno de los principales motivos de fracaso.

2. Buscar personas cuyas capacidades coincidan con los requisitos de la tarea. Es importante asegurarse de que la persona en quien se delega la tarea sea capaz de llevarla a cabo.

3. Delegar de manera eficaz en la persona adecuada. Esto te libera para que puedas hacer más cosas de mayor valor. Cuantas más de tus tareas clave puedas enseñar y delegar

en otros, más tiempo tendrás para hacer esas cosas que solo tú puedes hacer.

4. Delegar tareas sencillas en personal recientemente incorporado para darles confianza y mejorar su competencia.

5. Delegar tareas completas. Una responsabilidad del ciento por ciento por una tarea es un importante motivador de desempeño. Cuanta mayor sea la frecuencia con la que asignes responsabilidades a las personas adecuadas, más competentes serán.

6. Delegar resultados claros. Los resultados deben ser mensurables; si no pueden medirse, no pueden gestionarse. Explica qué debe hacerse, cómo crees que debería llevarse a cabo y cuáles son las razones para llevar a cabo esta tarea.

7. Delega en un entorno de participación y debate. Propón que te hagan preguntas y mantente abierto a las sugerencias. Existe una relación directa entre la medida en que se invita a las personas a hablar sobre el trabajo y la medida en que lo comprenden, lo aceptan y se comprometen con él. Debes delegar de tal manera que las personas se marchen con la sensación de «este es mi trabajo; yo soy el responsable».

Delega autoridad sobre los recursos que necesitará el personal para cumplir con la responsabilidad. Sé claro respecto del tiempo con el que cuentan, el dinero que pueden gastar y las personas a las que pueden recurrir para solicitar ayuda sobre el trabajo.

Cuando delegues, practica la *gestión por excepción*. Establece metas, estándares y fechas límite claros para la tarea delegada. Un trabajo sin fecha límite no es más que una discusión. Luego, dile a las personas que solo recurran a ti cuando tengan un problema; si se mantienen dentro del cronograma y del presupuesto, no es necesario que te informen. En ese caso, puedes presuponer que tienen todo bajo control.

La delegación es la habilidad clave para lograr el crecimiento de las personas que tienes a cargo. Cuando delegas de manera eficaz en un grupo pequeño de personas, pronto te asignarán más personas en quienes delegar y también más responsabilidades como resultado de tus habilidades de delegación.

Los mejores gerentes son excelentes a la hora de delegar. En el pasado, solía afirmarse: «Si quieres que el trabajo esté bien hecho, hazlo tú mismo».

Sin embargo, según el pensamiento moderno, la afirmación correcta es: «Si quieres que el trabajo esté bien hecho, delégalo de la manera correcta en otras personas para que puedan hacerlo de la manera adecuada».

5. Supervisión

La supervisión es el proceso de asegurarse de que el trabajo esté bien hecho, a tiempo y de acuerdo con el presupuesto. Delegar no significa abdicar; sigues siendo el responsable de los resultados. Cuanto más importante es la tarea, más importante es que te mantengas al tanto de ella.

La tarea del gerente es hacer que *otros* hagan las cosas. Tu capacidad para organizar el trabajo y supervisar al personal de manera eficiente para que el trabajo se haga de acuerdo con el cronograma y dentro del presupuesto es clave para obtener los resultados por los que eres responsable.

Tu capacidad para supervisar a otros puede incrementarse en gran medida si aprendes lo que otros excelentes gerentes descubrieron con los años y aplicas esos principios e ideas a tus interacciones con tus subordinados.

El modelo fabril

El modelo fabril de productividad es una herramienta útil de gestión que puede aplicarse a personas, departamentos y empresas.

En la fábrica ingresan ciertos insumos: tiempo, dinero, suministros, equipos, supervisión y capacitación. Luego, se realizan las actividades de producción. Finalmente, salen de la fábrica los resultados de ese proceso.

La persona promedio suele enfocarse en las actividades de su trabajo, mientras que los líderes se centran en los resultados que se esperan del proceso.

Al dirigir tu «fábrica», tu tarea es incrementar la calidad y la cantidad de los resultados en relación con los insumos. Planifica el trabajo de antemano para garantizar el máximo aprovechamiento de los recursos humanos —el insumo más costoso que tienes. Asegúrate de que cada persona trabaje de manera de hacer el uso más valioso de su tiempo, la mayor parte del tiempo.

Para llevar a cabo una supervisión adecuada, debes tener en claro cuáles son las áreas de resultados clave de la tarea, las que siempre son objetivas, mensurables y tienen un marco temporal. ¿Qué resultados específicos quieres que la persona alcance en cada etapa del trabajo?

¿Cuáles son las tareas que el empleado debe hacer bien para lograr el éxito en el trabajo? ¿Por qué está en la nómina? ¿Qué es aquello que solo puede hacer esta persona y que, de hacerlo bien, puede hacer una verdadera contribución al negocio? Los mejores ejecutivos siempre se centran en las fortalezas y en los mejores talentos y capacidades de cada persona.

Una vez que hayas definido un área de resultados clave, debes establecer los estándares de desempeño para esa parte de la tarea. Cada persona debe saber exactamente qué esperas que haga, para cuándo debe hacerlo y de acuerdo con qué estándares. Saber lo que se espera es un importante motivador de desempeño.

Una de las responsabilidades que tienes ante el personal es definir el desempeño de manera que puedan saber a qué te refieres y trabajar en pos de ello. Una meta de desempeño excelente motiva a las personas y libera su potencial. Lo que puede medirse, se hace realidad. Si no se puede medir, no puede hacerse de manera eficaz.

Mantente al tanto del trabajo

Establecer estándares y luego mirar hacia otro lado no es suficiente. Como supervisor, debes asegurarte de que el trabajo se esté realizando de la manera correcta. Una de las mejores técnicas de supervisión es la de recorrer el lugar: el gerente visita al personal con frecuencia y mantiene el control del pulso del negocio. Al recorrer el lugar, recibes comentarios inmediatos y oportunos sobre la tarea y puedes tomar medidas rápidamente para resolver problemas o hacer cambios.

Los mejores gerentes

De acuerdo con numerosas encuestas a empleados en el mundo laboral, los mejores jefes y supervisores tienen tres cualidades:

1. **Estructura**: todos saben exactamente qué debe hacerse, por qué y según qué estándares.
2. **Consideración**: el jefe hace que los empleados sientan que se interesa en ellos.
3. **Libertad**: los buenos jefes les dan libertad de acción a las personas que tienen a cargo. Una vez que asignan una tarea, intentan mantenerse al margen, pero ofrecen ayuda y comentarios cuando es necesario.

Regreso a clases

Una de tus tareas como líder es enseñar. La razón por la que estás a cargo es que tienes un nivel de conocimientos y habilidades superior. Una de las mejores cosas que puedes hacer es transmitir esos conocimientos y habilidades a las personas que tienes a cargo.

Enséñales a otras personas cómo hacer una tarea que ya domines. Al enseñarle a otra persona a hacer algo que solo tú haces, multiplicas tus resultados y también el valor de esas personas para el negocio.

Las cinco claves de una supervisión excelente

Existen cinco claves para lograr una supervisión excelente.

1. Acepta completa responsabilidad por el personal que tienes a cargo. Eres tú quien los elije, les asigna tareas y los dirige.

2. Trata al personal con la misma paciencia y comprensión con la que tratarías a los miembros jóvenes de la familia.

3. Pon en práctica el factor amistad, conformado por tres componentes: tiempo, interés y respeto. Dale tiempo al personal cuando quieren hablar. Expresa interés y preocupación por ellos y sus problemas. Trátalos con respeto, del mismo modo en que tratarías a un cliente o a un amigo.

4. Practica un liderazgo servil: Considera que tu trabajo es darles confianza a tus subordinados. Así como ellos están allí para servirte a ti y a la empresa, tú estás allí para servirles a ellos.

5. Practica la gestión de la regla de oro: Trata a cada persona del modo en que te gustaría que te trataran si la situación fuera al revés. Cuando practicas la gestión de la regla de oro —dirigir a otros como te gustaría que te dirigieran— provocas un mejor desempeño en las personas que tienes a cargo que de cualquier otra manera.

6. Medición

La medición requiere que se establezcan indicadores —unidades de medida y cifras— para cada parte de la tarea, así como estándares de desempeño para cada trabajo.

Todas las actividades comerciales pueden expresarse y definirse mediante alguna clase de número, sobre todo números financieros.

En su libro *Empresas que sobresalen*, Jim Collins enfatiza la importancia del denominador económico en todos los negocios. En ocasiones, esto se denomina factor crítico de éxito (FCE) y es el mejor indicador de la salud del negocio o de alguna parte de este.

Siempre puede aplicarse alguna forma de medida a las tareas o a sus partes. En ventas, la medida es la cantidad de llamadas o la cantidad de reuniones en persona. En lo que respecta al liderazgo de la empresa, la medida crítica pueden ser las ventas trimestrales, la rentabilidad o el precio de las acciones. En los negocios, el número definitivo suele ser el *flujo de efectivo neto*: el monto real de dinero en efectivo disponible —después de todos los costos— para repartir como ganancias y dividendos.

Es necesario establecer las cifras que debes alcanzar en todas las áreas clave. Estas se convierten en tus objetivos y te indican cuán bien te desempeñas. Sobre todo, debes elegir un número que sea un mayor indicador de éxito que todos los demás y centrarte en él todos los días.

De la misma manera, todas las personas que trabajan para ti deben tener al menos un número en el que enfocarse en su trabajo. Todos los días, incluye en la dirección de tu personal la revisión de esos números para verificar cuán cerca están de ellos.

El principio de Hawthorne afirma que cuando las personas tienen un número particular en claro y se enfocan en él, su desempeño en el área medida de acuerdo con ese número mejora.

Todas las recompensas, los reconocimientos, ascensos y bonos de la empresa deben estar vinculados al desempeño, a la consecución de las cifras y los valores establecidos.

7. Información

Debes mantener informadas a las personas clave dentro y fuera del negocio en todo momento.

Esta es una de las responsabilidades más importantes del liderazgo y de todas las personas en cualquier nivel de la organización. El noventa y cinco por ciento de los problemas en una empresa pueden relacionarse a la falta de comunicación o a una comunicación insuficiente, a que el personal no recibió información sobre determinados acontecimientos u otros datos fundamentales para su capacidad de hacer su trabajo correctamente.

¿Sabes quiénes son las personas que necesitan conocer tus resultados? ¿Quién necesita saber qué estás haciendo para poder hacer su trabajo de la manera adecuada? ¿Quiénes se molestarán si haces o no haces algo sin que ellos se enteren? Cuando dudes, siempre es mejor dar más información que menos.

Haz una lista de todas las personas que necesitan saber lo que haces y cuán bien lo haces. Comienza por tu jefe. ¿Qué información necesita tu jefe de ti de manera periódica? Pregúntale, toma nota e infórmale regularmente.

Sobre todo cuando hay malas noticias, asegúrate de ser tú quien las cuente primero. Si otra persona revela información negativa, esta puede distorsionarse rápidamente y traerte problemas antes de que tengas siquiera una posibilidad de hablar al respecto. Practica una estrategia libre de sorpresas. Como decíamos cuando éramos pequeños, «llega antes que la noticia».

Saber cómo informarle a tu jefe es una habilidad clave de la gestión hacia arriba. El liderazgo no tiene que ver únicamente con la gestión hacia abajo —es decir, con dirigir a tus empleados y subordinados—; también tiene que ver con dirigir a tu jefe. Las reglas básicas de comunicación e información son las mismas. Dales a las personas a las que respondes información completa y verdadera y háblales con candor. No tengas miedo de sugerir iniciativas y de defender con ahínco aquello en lo que crees. Para que las cosas se hagan, no solo necesitas que los empleados apoyen tus metas: también necesitas que lo haga tu jefe.

No te olvides del personal

Tu jefe no es la única persona a la que debes mantener informada. Identifica a las demás personas —tanto dentro como fuera del negocio— que necesitan información de tu parte para hacer su trabajo correctamente o para tomar buenas decisiones. Pregúntales qué información necesitan, con qué frecuencia y en qué forma.

Asegúrate de que tu personal y tus subordinados estén completamente informados sobre todo lo que pueda afectar sus trabajos. Organiza reuniones regulares, una vez a la semana de ser posible, para pasar revista a los progresos y mantenerlos al día.

En épocas de crisis, es necesario reunirse con mayor frecuencia, a veces a diario, para mantener a las personas informadas y evitar que se preocupen o dejen volar su imaginación.

Elige cómo comunicarte

Para informar de manera efectiva, el medio utilizado es un elemento clave. Las personas son visuales (el setenta por ciento lo es) o auditivas (el treinta por ciento restante). Las personas visuales necesitan ver la información por escrito. Si no la ven, no la recuerdan o la recuerdan de manera incorrecta. Si le dices algo a una persona visual, te preguntará si no lo tienes por escrito.

A las personas auditivas les gusta conversar y escuchar la información; no están tan interesadas en leerla. Si le presentas un informe escrito a una persona auditiva, le echará un vistazo y te preguntará: «¿Qué dice?»

Comienza por determinar si tu jefe es una persona visual o auditiva. Pregúntale de qué forma prefiere recibir la información y preséntale tus informes de esa manera. Pregúntales a tus colegas y al personal en qué forma les gusta recibir la información y asegúrate de presentarla de una manera que puedan comprender.

Por último, establece un cronograma regular de información, sobre todo en lo que respecta a las actividades importantes. Prepara un orden del día para cada reunión, invita a los participantes a que hagan preguntas y asegúrate de que todos entiendan lo que sucede. Este enfoque puede ahorrarte una fortuna en tiempo y en gastos innecesarios.

La comunicación es una de las responsabilidades clave de los líderes y los gerentes. Hablaremos más sobre este tema en el capítulo 8.

Los siete determinantes del éxito comercial

Existen siete factores clave pertinentes a todas las clases de negocios y organizaciones. Un error o un incumplimiento en una de estas áreas puede llevar a la caída de la empresa. Como líder y gerente, tu trabajo es asegurarte de que tu empresa tenga éxito en cada una de estas áreas. Las funciones y las habilidades descritas anteriormente te ayudarán a lograr estos resultados.

1. Productividad

Todos los negocios están sujetos a las leyes de la economía. La meta definitiva de las actividades comerciales es obtener ganancias, más ingresos que costos. En mercados difíciles, quienes tienen menores costos tienen una clara ventaja respecto de sus competidores. Mira sino a WalMart.

En términos sencillos, la clave para obtener mayores niveles de productividad a partir de los activos invertidos es hacer más con menos, buscar continuamente formas de ofrecer la misma cantidad y calidad de productos y servicios con menores costos.

En épocas difíciles con mercados reñidos y una competencia agresiva, tu capacidad para recortar costos puede hacer la diferencia entre el éxito y el fracaso. Hay una regla que se aplica a esto: si existe algún recorte que estarías dispuesto a hacer si estuviera en juego la supervivencia del negocio, hazlo de inmediato. No esperes hasta el último minuto; puede ser demasiado tarde.

Invita a la participación mediante ideas y sugerencias

Pídele a todos los que forman parte del negocio que ofrezcan ideas y sugerencias que permitan reducir los gastos sin poner en juego la calidad de los productos o servicios. Todos los gastos que no sean fundamentales pueden posponerse y diferirse. Firma un contrato de alquiler en lugar de comprar; alquila de manera temporal en lugar de a largo plazo; pide prestado antes que alquilar. Usa tu imaginación e ingenio para lograr más con un menor costo.

Aplica el principio de pensamiento base cero a todos los costos y actividades. Pregúntate: «Si no estuviera gastando este monto en esta área o haciendo las cosas de esta manera, ¿volvería a empezar esto hoy, dada la situación actual?»

Observa el negocio a través de los ojos de los especialistas en reestructuraciones. Si el negocio estuviera al borde de la bancarrota, ¿qué costos recortarías, y cuán rápido?

2. Satisfacción del cliente

La satisfacción del cliente es un determinante clave del éxito comercial a largo plazo.

El objetivo de los negocios es conseguir clientes y conservarlos. Las ganancias son lo que obtienes al conseguir y conservar clientes en cantidades suficientes y de manera rentable.

El foco principal de cualquier negocio exitoso debe ser la satisfacción del cliente; es la única manera de asegurar que los clientes regresarán y seguirán comprando tus productos y servicios. Como líder y gerente, asegúrate de que todos en la empresa estén enfocados en esta meta.

El principal indicador de la satisfacción del cliente es la continuidad de sus compras; es decir, que estén tan contentos con su experiencia con el producto o el servicio que adquirieron que vuelven a comprar, una y otra vez. Las ventas repetidas son las que menor costo tienen y mayores márgenes de rentabilidad ofrecen.

La pregunta decisiva

Según afirma Fred Reichheld en su libro *La pregunta decisiva*, el indicador más importante de la satisfacción del cliente es la respuesta a la pregunta «¿Nos recomendaría a otras personas?»

La totalidad de la experiencia del cliente con el producto, el personal de la empresa y los servicios quedan resumidos en la respuesta que el cliente tenga para esa pregunta.

Pídeles a los clientes que respondan esta pregunta asignándole una calificación del 1 al 10 a la empresa. De acuerdo con la investigación de Reichheld, los clientes que asignan una puntuación de entre 9 y 10 representan el ochenta y cinco por ciento de los clientes frecuentes y las recomendaciones.

En muchas empresas, este puntaje se ha convertido en el número con el que evalúan a cada persona y función en el negocio. Cuando se centran en mejorar esta calificación, las ventas y las ganancias comienzan a incrementarse rápidamente.

Si contrataras a una empresa independiente para que realizara una encuesta a tus clientes y les preguntara qué empresas de tu industria ofrecen el mejor servicio al cliente, ¿en qué posición crees que quedaría tu empresa? Cualquiera sea la respuesta, ¿qué medidas tomarías a partir de hoy para mejorar ese puntaje?

Todo lo que haces para aumentar la satisfacción del cliente genera fidelidad de su parte y se traduce en reiteradas operaciones comerciales con ellos. En el mercado actual, este debe ser un punto central del liderazgo comercial.

3. Rentabilidad

Este es el verdadero indicador del liderazgo; la única manera de evaluar con qué eficacia se emplean el dinero y los recursos humanos en un negocio.

La ley de la concentración afirma: «Aquello en lo que piensas la mayor parte del tiempo, se convierte en experiencia». Todas las personas que trabajan en el negocio deben enfocarse en la rentabilidad, todo el tiempo.

En sus *Máximas para el éxito comercial*, el barón de Rothschild afirmó: «Enfócate siempre en las ganancias netas».

En la práctica, muchas empresas no saben cuál es su ganancia real por cada producto en particular debido a que suman los gastos de mercadotecnia, administración, contabilidad y servicios externos en una cifra general. Los líderes deben saber cuál es la verdadera rentabilidad de cada producto o servicio en su empresa. Si ignoras este dato, lleva a cabo un análisis de rentabilidad del negocio. Enumera todos los productos y servicios que ofreces y determina cuál es la ganancia neta exacta que cada uno genera por venta y en total. Luego, aplica la regla del 80/20 mencionada en el capítulo anterior a todos estos productos y servicios. ¿Cómo se conforma el veinte por ciento de los productos y servicios que representan el ochenta por ciento de las ganancias? Si te vieras obligado a reducir la línea de productos a los más rentables, ¿a cuáles te aferrarías?

Identifica el veinte por ciento de los clientes que compran el ochenta por ciento de los productos y servicios. Luego, determina el veinte por ciento de los clientes más rentables. Con frecuencia, estos grupos de clientes no son iguales.

Costo de adquisición de clientes

Aplica también esta regla a las actividades de ventas y de mercadotecnia. ¿Cuál es el veinte por ciento de los métodos de mercadotecnia y ventas que generan el ochenta por ciento de las ventas y los ingresos?

Cualquiera sea tu industria, tu negocio es «comprar» clientes. Cada cliente nuevo tiene un costo de adquisición y un costo de concreción. El costo de adquisición incluye todos los gastos de mercadotecnia y de ventas. ¿Cuál es tu costo de adquisición de clientes? ¿Cuánto pagas, directa o indirectamente, para conseguir un cliente nuevo? ¿Cuánto cuesta conservar un cliente? La mayoría de las empresas no tienen idea.

Tu éxito en los negocios depende de la medida en la que los costos totales de adquisición y satisfacción de los clientes sean menores que el importe que recibes por las ventas. Sobre esta base, ¿cuáles son los métodos de adquisición de clientes más rentables para ti?

Por último, ¿cuáles son tus actividades comerciales más rentables? ¿Cuáles de las cosas que hace la empresa le reportan la mayor ganancia neta, tanto en el corto como en el largo plazo? ¿Cuáles son las cosas más rentables que haces personalmente, y cuáles son las actividades más rentables de las personas clave a tu cargo?

No importa cuáles sean tus respuestas a las preguntas anteriores, una responsabilidad clave del liderazgo es enfocar y concentrar los recursos limitados en aquellas áreas y actividades donde sea posible obtener las mayores ganancias netas.

4. Calidad

Alcanzar y mantener un estándar de alta calidad respecto de los competidores es clave para la supervivencia de los negocios.

En cualquier mercado, la empresa que tiene la clasificación de calidad más alta suele ser la más rentable. ¿Cuál es la clasificación de tu empresa? Si se te comparara con cualquiera de tus competidores, ¿cómo te clasificarían los clientes informados del mercado? ¿Mejor que quién eres? ¿Quién es mejor que tú? ¿Qué puedes hacer al respecto?

Para los clientes, la calidad está compuesta de dos cosas: el producto o servicio propiamente dicho, y la manera en la que se lo vende, entrega y se le da servicio de posventa.

La calidad de un producto o servicio depende de con cuánta frecuencia y cuán confiablemente hace lo que dijiste que haría al momento de la venta.

La calidad de los servicios está determinada por cuán bien (o cuán mal) tratan a los clientes las personas de la empresa.

Debido al principio de Hawthorne descrito anteriormente en este capítulo, convertir la mejora de la calidad en un foco central de la empresa libera un flujo ilimitado de ideas para mejorar todo lo que haces por tus clientes y con ellos.

A veces, una gran idea para mejorar la percepción que los clientes tienen de la calidad de la empresa puede ayudarte a vender mucho más en un mercado competitivo. Una mejora en los productos o servicios puede darte una ventaja en lo que respecta a la satisfacción del cliente. Una mejora en la forma en que atiendes a los clientes puede hacer que regresen a ti una y otra vez.

5. Innovación

Muchos expertos en gestión consideran que la innovación es la clave del éxito comercial. Probablemente tengan razón. Con rápidas mejoras en el ámbito de la información, continuos avances tecnológicos y una competencia mundial resoluta, la capacidad para innovar rápidamente es fundamental para sobrevivir.

Instaura una cultura de innovación en la empresa de manera que todos se esfuercen continuamente por desarrollar nuevos y mejores productos y servicios, así como nuevas y mejores maneras de operar, comercializar y vender, y mejorar el servicio al cliente. Mantente abierto a nuevas ideas y sugerencias, así como a pruebas y errores. Premia la iniciativa.

Foco en el cliente

El foco en el cliente es indispensable. Pregúntate continuamente qué querrán los clientes mañana. ¿Cuáles son sus necesidades, sus preocupaciones, temores y frustraciones?

El mayor peligro del éxito comercial es que lleva a la complacencia. Al encontrar satisfacción, las personas se muestran reacias al cambio, a ir contra la corriente. Esto es especialmente peligroso si el líder es una persona complaciente. ¿Estás satisfecho contigo mismo? ¿Crees que la organización sobrevivirá y prosperará si sigue haciendo lo mismo que hasta ahora, que no es necesario cambiar nada? ¿Tienes miedo de asumir riesgos o de que se arriesguen las personas que tienes a cargo? Si es así, precipitarás la caída de la empresa.

Fuentes de innovación

Los éxitos y los fracasos inesperados son importantes fuentes de innovación. Un producto puede venderse mucho más de lo esperado o mucho menos. En cualquier caso, esto significa que algo cambió en el mercado y en la situación de los clientes. ¿Qué necesitas hacer para cambiar tu oferta o para expandirte y explotar un mercado más grande?

La innovación tiene que ver con el futuro. El veinte por ciento de tus productos y servicios serán obsoletos en un par de años; tal vez antes. ¿Con qué los reemplazarás? Las oportunidades del mañana siempre serán diferentes de las de los mercados de hoy.

En el capítulo 7 hablaré sobre algunas de las mejores técnicas descubiertas para la resolución de problemas y el pensamiento creativo. Estas técnicas te ayudarán a descubrir nuevas oportunidades de innovación en tu empresa; oportunidades que ni siquiera sabías que existían.

6. Desarrollo de la organización

Busca continuamente formas de obtener mejores resultados mediante la reorganización de las personas y los recursos y su traslado donde puedan producir mejores resultados para el negocio.

Hay tres «erres» que puedes utilizar regularmente para asegurarte de que la empresa funciona con el nivel más alto de eficiencia y eficacia:

1. Reestructuración: el proceso de mover personas y recursos a áreas de mayor rentabilidad. Destina más de las mejores personas y del tiempo al veinte por ciento de las actividades que generan el ochenta por ciento de las ventas y las ganancias.

2. Reingeniería: da un paso atrás y observa el proceso de trabajo de principio a fin. ¿Cómo podrías simplificar el trabajo de manera de producir los bienes y darle satisfacción a los clientes más rápido?

Haz una lista de todas las tareas y funciones que se llevan a cabo en el curso de tus actividades comerciales. Revisa la lista de pasos y busca formas de reducirla. Quizá podrías fusionar varios trabajos realizados por diferentes personas y hacer a una sola persona responsable de ese nuevo trabajo combinado.

Tal vez podrías expandir la definición de un puesto y hacer que una sola persona sea responsable de todas sus partes en lugar de dividirlo.

Identifica las tareas internas que se podrían subcontratar con una empresa especializada en el área correspondiente, la que es probable que pueda hacerlas de manera más rápida y económica. ¿Cómo podrías convertir los costos fijos en variables y bajar tu umbral de rentabilidad mensual?

En primer lugar, debes estar preparado para eliminar por completo algunas tareas, actividades e, incluso, personal. Es usual descubrir que se están haciendo cosas que parecían una buena idea cuando se iniciaron y que ahora, con el paso del tiempo, resultan costosas e innecesarias. Es momento de reducirlas o eliminarlas.

3. Reinvención: imagina que comenzarás tu negocio o tu vida profesional de nuevo. ¿Qué iniciarías de inmediato? ¿Qué productos y servicios empezarías a comercializar y vender en seguida? ¿Qué productos y servicios ya no ofrecerías? ¿Qué gastos y actividades comerciales emprenderías de nuevo y cuáles interrumpirías?

Cuando llevas a cabo una «reinvención» de la forma en la que miras el mundo, descubres muchas oportunidades para reorganizar tu vida y mejorar las formas de hacer negocios. Te encontrarás haciendo más de las cosas que representan los niveles más altos de rentabilidad y dejarás el resto de lado.

7. Desarrollo humano

Prácticamente todas las empresas dicen «las personas son nuestro capital más importante», pero son pocas las que tratan a sus empleados como si de verdad lo creyeran. Los elogios verbales de los líderes suenan falsos cuando sus acciones demuestran que no respetan a las personas que tienen a cargo ni confían en ellas.

La cuestión aquí es que la mayor parte de las personas que hoy trabajan en tu empresa son trabajadores *intelectuales*; trabajan con la mente, por lo que solo puede evaluárselos de acuerdo con los resultados que obtengan en sus tareas.

La cantidad y la calidad del trabajo de las personas dependen de qué piensan y de cómo se sienten respecto de la empresa, de su trabajo, de sus gerentes y de sus compañeros. Estas cosas no pueden dejarse al azar.

Busca formas de incrementar la lealtad y de generar competencia y autoestima en el personal y en las personas clave.

Libera el potencial individual

La persona promedio trabaja, como mucho, al cincuenta por ciento de su potencial. Esto significa que las mayores mejoras en el rendimiento y en los resultados pueden provenir de desbloquear y liberar ese potencial latente en cada una de las personas que tienes a cargo.

Sin embargo, la motivación puede provenir únicamente de uno mismo. Un gerente no puede motivar a nadie; lo que puede hacer es crear un entorno donde la motivación surja naturalmente. Esto requiere emplear simultáneamente todos los motivadores conocidos al tiempo que se *eliminan* los elementos desmotivadores que inhiben el buen desempeño.

En cualquier industria, las mejores organizaciones son mucho más productivas y rentables que las organizaciones promedio de la misma industria. Se caracterizan por entornos de gran confianza donde las personas se sienten bien consigo mismas y con lo que hacen. Las personas que se sienten muy bien consigo mismas están motivadas. ¿Cómo se ve esto? Cuando las personas dicen: «Este es un lugar excelente para trabajar».

Construir y mantener un entorno de gran confianza es una de las cosas más importantes que puedes hacer como líder, sobre todo en épocas de incertidumbre. Tu tarea como ejecutivo es sacar lo mejor de las personas que tienes a cargo. Las personas tienen un mejor desempeño cuando se sienten seguras y respetadas por ti y por quienes las rodean, cuando se sienten valoradas y apreciadas y sienten que los demás confían en ellas.

En el capítulo 5, sobre contratar y conservar a las personas, se analizan algunas maneras específicas de mantener a las personas motivadas para que tengan un buen desempeño.

Generar autoestima

La clave para la motivación, el entusiasmo y una imagen positiva de uno mismo es el nivel individual de autoestima.

La mejor definición de autoestima es cuánto te agradas a ti mismo. Cuanto más te agrades y respetes, mejor desempeño tendrás en cualquier área. Cuánto más te gustes, más le gustarás a los demás y mejor te llevarás con ellos.

Cuanto más te agrades a ti mismo, más ambiciosas serán las metas que te impongas y más persistirás en alcanzarlas. Cuanto más te gustes, más altos serán los estándares que establezcas para ti y mejor será tu trabajo. La autoestima es la emoción fundamental que las empresas deben reforzar y alentar para crear un excelente entorno de trabajo.

Las emociones opuestas a la autoestima son el miedo, la inseguridad, la negatividad, los sentimientos de inferioridad y las malas relaciones humanas. El temor y la duda siempre fueron los mayores enemigos de la felicidad y el buen desempeño humanos.

El miedo, de cualquier clase, socava y hasta paraliza el buen desempeño. El temor abate la personalidad y mina la eficacia. El miedo al fracaso es el mayor obstáculo para lograr el éxito en la vida adulta; lleva a dudar de sí mismo, lo que a su vez hace que las personas vacilen, duden y se menosprecien.

El segundo conjunto de temores más importante tiene que ver con el miedo al rechazo, el miedo a la desaprobación, al ridículo, a la vergüenza y, sobre todo, a las críticas.

Estos miedos subyacen inmediatamente a la personalidad de las personas promedio, esperando que algo que diga o insinúe alguien —sobre todo el jefe— los dispare. Estos miedos se despiertan fácilmente con una mirada o una respuesta negativa a una situación en el trabajo.

Despeja los miedos

¿Cuál es la clave para crear un entorno de gran confianza? Despejar los temores.

Toma la determinación de eliminar las críticas de toda clase de tu vocabulario. Presupón que todos tienen las mejores intenciones y acepta los errores bienintencionados. No reacciones mal ni exageres cuando las cosas no salgan como esperabas.

Genera y refuerza la autoestima siempre que puedas. Diles a los demás cuán buenos son. Construye imágenes positivas de cada uno mediante el reconocimiento, la recompensa y la aprobación constantes. Tómate tiempo para expresar compasión, interés y preocupación por los demás.

Pide disculpas pronto y con frecuencia. Si dices o haces algo que dispara los miedos al fracaso o al rechazo en otra persona, dile: «Lo siento. No debería haber dicho eso». Retráctate de las críticas destructivas.

Dedícate a crear un entorno en el que todos se sientan muy bien consigo mismos. Elimina el miedo. Crea un ambiente de gran confianza en el que todos los que trabajen contigo digan: «Este es un excelente sitio para trabajar».

En el capítulo siguiente, sobre cómo contratar y conservar a los mejores empleados, aprenderemos más sobre los secretos para construir un entorno laboral de gran confianza y mantener a las personas motivadas y comprometidas.

La competencia es central para el éxito

Para ser un líder o un gerente exitoso, es fundamental ser competente. Sin competencias, no se puede liderar ni gestionar. No se puede gestionar porque no se tienen las habilidades para hacer lo que hace falta, y no se puede liderar porque no se cuenta con el respeto de los demás.

No hace falta ser la persona más inteligente de la sala. De hecho, los mejores líderes son aquellos que tienen tanta seguridad de sí mismos que se rodean de los mejores en el negocio. Son los líderes inseguros los que contratan personas que simplemente les sonríen y les dicen que sí a todo lo que proponen.

En cualquier caso, hay una diferencia entre ser la persona más inteligente de la sala y ser ihcompetente. Si no puedes tomar decisiones o tomas decisiones incorrectas de manera continua, perderás la confianza que tienen en ti las personas que te rodean y fracasarás como líder. El experto en liderazgo Michael Useem cuenta la historia verídica del jefe de una dotación de bomberos al mando de un grupo de hombres que luchaba contra un enorme incendio forestal en las montañas. Debido a varias decisiones problemáticas tomadas con anterioridad, muchos de los hombres comenzaron a dudar de la competencia de su jefe. Cuando el fuego repentinamente se volvió hacia los bomberos, el jefe descubrió una manera de salvar a sus hombres de la muerte, pero estos ya no tenían confianza en su jefe. Como resultado, el jefe sobrevivió y la mayoría de sus hombres murieron.

Para hacer realidad tu potencial, debes ser excelente en lo que hagas.

Toma la decisión de ser el mejor, de estar en el diez por ciento de los mejores de tu campo. Establece estándares altos para ti.

Mira alrededor en busca de los mejores del negocio y piensa cómo podrías ser tan bueno como ellos en el trabajo, o incluso mejor.

La buena noticia es que todas las habilidades comerciales pueden aprenderse mediante la práctica y la repetición. Los mejores de cada campo llegaron allí a fuerza de trabajar en sí mismos, a veces durante muchos años, hasta que pudieron separarse del rebaño y avanzar. Dentro de lo razonable, tú puedes aprender y hacer lo que otros aprendieron e hicieron.

Escoge tu área de excelencia personal, esa cualidad única, el factor o los factores que te hacen especial. Así como las empresas y los productos deben ser de algún modo excelentes y especiales para destacarse en un mercado competitivo, tú también debes serlo. Tu decisión de destacarte en un área particular te lleva al diez por ciento de los mejores en tu campo, porque la mayoría de las personas nunca toman esa decisión en toda su vida profesional.

La clave para pasar de bueno a excelente en tu campo es formularte la pregunta brutal: «¿Por qué no soy todavía el mejor en lo que hago?» La respuesta siempre es la misma. La razón por la que no estás en la cima de tu campo es porque aún no decides estar ahí o porque no respaldaste esa decisión con el arduo trabajo necesario.

CAPÍTULO CINCO

Cómo contratar y conservar a los mejores empleados

> *«La educación formal te dará un medio de vida;*
> *la autoformación te hará ganar una fortuna».*
>
> —JIM ROHN

Tu habilidad para contratar y conservar a los mejores es el principal factor para determinar tu éxito como líder.

La capacidad para atraer y motivar a personas excelentes que pueden ayudarte a construir tu negocio es un límite crítico para el crecimiento y el éxito comercial. Todo lo demás puede adquirirse de algún modo. Puedes conseguir todo el capital, los inmuebles, los muebles, los accesorios, los equipos de fabricación y distribución, y los materiales de empaque y mercadotecnia que necesites. Pero lo que hace que todo eso funcione son las personas que se encuentran detrás, y nunca hubo una falta tal de empleados de calidad como la que se ve en nuestros días.

En su éxito de ventas *Empresas que sobresalen*, Jim Collins escribe que la clave para construir una empresa excelente es «subir a las personas indicadas a bordo del autobús; apear a las que no son las adecuadas, y luego ubicar a las personas indicadas en los asientos correspondientes».

En *El arte de la ejecución en los negocios*, también un éxito de ventas, Larry Bossidy afirma que la clave para el éxito comercial es encontrar personas que puedan ejecutar y hacer el trabajo rápidamente y bien.

La habilidad para contratar y conservar buenos empleados no es innata; nadie nace con ella. Se trata de una aptitud que, al igual que todas las demás habilidades comerciales, puede aprenderse mediante la práctica. Al poner en práctica las ideas de este capítulo, podrás aumentar drásticamente tu eficacia para encontrar y conservar a los mejores para tu negocio.

En la actualidad, los empleadores debemos hacer un importante cambio de paradigma mental: debemos dirigir nuestra atención a contratar y conservar a los buenos empleados y enfocarnos en esa como una de las responsabilidades de gestión más importantes. De hecho, puede ser la cosa más importante que aprendamos.

La elección de las personas indicadas

El proceso de selección es clave para tu éxito y el de la empresa. Nada es más importante para tu futuro que tu capacidad para escoger a las personas indicadas para que trabajen para ti a fin de hacer realidad ese futuro.

Desafortunadamente, son muy pocos los gerentes que cuentan con una formación completa relacionada con el proceso de selección de personal. En consecuencia, gran parte de esta selección se basa en la intuición, en corazonadas y en razonamientos improvisados. Sin embargo, este enfoque no es para ti.

Por regla general, si seleccionas a alguien de manera apresurada, te arrepentirás lentamente. Muchos de los peores problemas comerciales tienen que ver con haber contratado a alguien demasiado rápido y luego tener que lidiar con esa decisión y con todos los problemas ocasionados por ella.

Como gerente, eres responsable de dedicar el tiempo y el esfuerzo necesarios para hacer una buena contratación. Como líder, tienes dos responsabilidades. La primera es permitir que tus gerentes tomen las mejores decisiones. No les pongas una fecha límite a las nuevas contrataciones a menos que sea absolutamente necesario. Como veremos más adelante, tomarse el tiempo necesario es una de las claves para realizar contrataciones exitosas.

La segunda responsabilidad es participar en la contratación de los empleados de todos los niveles de la organización. Puede que no seas quien realice la entrevista inicial de algunos empleados, pero no debe contratarse a nadie antes de que lo hayas visto y hayas hablado con él.

Contrataciones lentas y despidos rápidos

Una de las reglas de las buenas contrataciones es contratar lentamente y despedir rápido. El mejor momento para despedir a una persona es la primera vez que se te cruza por la cabeza. Si tomaste una mala decisión durante el proceso de selección, no agraves el problema dejando a la persona incorrecta en el puesto. Ten la valentía y el sentido común necesarios para admitir que cometiste un error, corrígelo y sigue con tus asuntos.

En el ámbito de la gestión, la tendencia natural es contratar a alguien como una solución a un problema, para cubrir un hueco en la línea de mando o para hacer un trabajo que surgió de repente. Esto puede ser como tomar un cubo de agua y arrojarlo al fuego; si no tienes cuidado, el cubo puede estar lleno de gasolina, y la nueva situación será peor que la que se intentaba corregir.

Pregúntate honestamente: ¿alguna vez contraté a alguien en poco tiempo, sin mucho análisis? Si es así, ¿con cuanta frecuencia tuviste problemas a causa de ello? No tiene nada de malo cometer un error, en tanto se aprenda de él y no se repita.

Contratar personal es un arte y, como tal, no se puede apresurar. Todas las decisiones relacionadas con las personas requieren de mucho análisis y reflexión previos. Por lo general, las decisiones de contratación rápidas terminan siendo malas decisiones.

En una ocasión, un gerente me dijo que tenía una regla simple para contratar personal. Una vez que se decidía por un candidato,

117

esperaba treinta días para hacerle la oferta definitiva. Había descubierto que el mero acto de posponer una decisión de contratación la mejoraba enormemente cuando llegaba el momento de hacerla.

El costo de apresurarse

La mala selección de personal es muy costosa. En primer lugar, te hace perder tiempo: el tiempo que dedicaste a las entrevistas, a la contratación y a la capacitación del personal para ponerlo en tema.

También está la pérdida de dinero: los salarios y los costos de capacitación de la persona que a la larga no funciona.

Por último, está la productividad que pierdes mientras dedicas tiempo a buscar un reemplazo para la persona que no debiste haber contratado en primer lugar.

El cálculo es que cuesta aproximadamente tres salarios anuales contratar a una persona inadecuada y luego reemplazarla. Si contratas a alguien por $50,000 dólares al año y no funciona, el costo general que esto tendrá para ti y para la empresa será de $150,000 aproximadamente. Por ello, te corresponde pensar cuidadosamente antes de invitar a alguien nuevo abordo. A veces, la mejor decisión de contratación que puede tomarse es no contratar a nadie.

Analiza el trabajo de principio a fin

Antes de comenzar a buscar nuevos empleados, tómate tiempo para analizar el trabajo de forma meticulosa —o asegúrate de que los gerentes que se ocuparán de la contratación lo hayan hecho. Todas las personas que participan en la contratación de empleados para la empresa, ya sea el director ejecutivo en busca de un vicepresidente financiero o el gerente de instalaciones en busca de un nuevo empleado de mantenimiento, deben seguir al pie de la letra el consejo que se presenta a continuación.

En primer lugar, deben recordar la regla del 10/90 que ya mencioné. Según esta regla, el diez por ciento inicial del tiempo que dedicas a pensar y a planificar te ahorra el noventa por ciento del tiempo y el esfuerzo necesarios para tomar la decisión correcta y obtener el resultado adecuado a largo plazo.

Piensa de principio a fin las responsabilidades y los resultados exactos que se esperan de ese puesto. Imagina que el trabajo es una tubería. ¿Qué es exactamente lo que sale del otro extremo de la tubería en términos de los resultados que se espera que la persona obtenga? Piensa en términos de resultados antes que de actividades. Piensa en términos de productos y no de insumos.

Imagina que estás a punto de comprar una cantidad y una calidad específica de resultados. Obtendrás esos resultados a cambio del dinero que, en forma de salario, estés dispuesto a pagar. ¿Cuáles serán exactamente esos resultados?

Pon tus ideas por escrito

Analiza con gran detalle lo que se espera que esta persona logre día a día. Describe un día y una semana de trabajo típicos, desde la mañana hasta la noche. Cuanto más en claro tengas el trabajo que debe hacerse, más fácil te resultará encontrar al mejor candidato para hacerlo.

Una vez que hayas determinado cuáles son los resultados correspondientes, identifica las habilidades exactas que debe tener el candidato ideal para lograrlos. Muchas empresas tienen la postura de contratar al personal sobre la base de su personalidad y actitudes para luego enseñarles las habilidades específicas. Sin embargo, si deseas contratar a los mejores, debes exigir un cierto grado de habilidad demostrable desde el comienzo.

Identifica los atributos o las cualidades personales ideales que debe tener el candidato. Sobre todo, quieres alguien honesto, positivo, que trabaje arduamente, enérgico, centrado y con una mente abierta. Toma nota de estas cualidades y organízalas de acuerdo con la importancia que tienen para ti y para el trabajo.

Ahora, intenta pensar en qué otra cosa podría aportar la persona perfecta al trabajo. Puede ser algo tan complejo como cierto tipo de experiencia (por ejemplo, que haya viajado mucho por el exterior) o algo tan mundano como su domicilio (es preferible contratar a alguien que viva cerca del lugar de trabajo). Piensa en las personas con las que trabajará el nuevo empleado. Todos deben encajar en el equipo. Es absolutamente fundamental que la persona que contrates se lleve bien con el personal existente, y que este la acepte.

Por último, asegúrate de que una sola persona pueda cubrir el puesto para el que buscas un candidato. A veces, cuando se producen cambios repentinos, un trabajo puede volverse tan complejo que hacen falta dos personas diferentes con conjuntos de habilidades y atributos distintos para poder llevarlo a cabo.

Una vez que hayas enumerado todo lo que se te ocurra como descripción del candidato ideal, distribuye esta lista entre todas las personas que trabajarán con él. Terminen la lista juntos, y luego ordena los elementos de la lista de acuerdo con su importancia. Cuando hayas terminado, tendrás una descripción perfecta del candidato ideal.

Ahora es el momento de redactar la descripción del puesto.

Escribe la descripción del puesto

Para comenzar la descripción del puesto, detente por un instante y piensa acerca de qué hará esa persona desde el momento en que comience a trabajar por la mañana hasta que termine por la tarde. Piensa el puesto como un proceso de producción e identifica cada uno de los pasos de ese proceso con una tarea que debe completarse de acuerdo con un estándar de desempeño mínimo. Ahora, ponlo por escrito.

Enumera cada una de las funciones y responsabilidades laborales que tendrá este empleado, desde revisar sus mensajes y responder las llamadas telefónicas y correos electrónicos por la mañana, hasta medir sus progresos e informarlos a su supervisor. No omitas ningún detalle.

Una vez que tengas una descripción del candidato ideal y una descripción clara de todo lo que se esperará de él, establece las prioridades de cada una de las listas. Divide las listas en dos categorías: *Necesario* y *Deseable*. Algunas cualidades y responsabilidades sobre resultados son absolutamente fundamentales para realizar el trabajo de la manera correcta, mientras que otras son deseables, pero no cruciales.

Una vez que se tienen la descripción del candidato ideal y la descripción clara del puesto, lo siguiente es arrojar la red y comenzar la búsqueda de la persona indicada para el trabajo.

Busca candidatos adecuados

En el pasado, se solía iniciar una búsqueda de personal cuando se producía una vacante o se generaba una necesidad específica. En la actualidad, es necesario estar permanentemente en la modalidad de contratación. Debes explorar el mundo del mismo modo en que un radar explora el horizonte y buscar permanente más y mejores empleados. Se trata de una tarea sin fin cuyo éxito determina en gran medida tu propio éxito como ejecutivo.

Una parte importante del proceso de selección es generar una reserva de candidatos adecuados de la que escoger. Puedes encontrar candidatos en diversos sitios.

El primer lugar donde debes buscar es el Departamento de Personal de la empresa. Realiza una búsqueda interna del tipo de persona que necesitas. Si es posible, ofrece primero el puesto al personal que ya forma parte de la empresa.

En la actualidad, muchas empresas ofrecen un bono de contratación a los empleados que encuentran a la persona que cumple con una descripción particular. La persona promedio conoce alrededor de trescientas personas por su nombre de pila. Cuando todo el personal sabe que se está realizando una búsqueda particular, todos están alertas y en busca de ese tipo de persona en el curso de sus actividades.

Otra gran fuente de recursos son tus contactos personales. El ochenta y cinco por ciento de las personas nuevas llegan por medio de referencias y recomendaciones. Una vez que hayas escrito la descripción del puesto, ponte en contacto con todas las personas que conozcas que podrían cruzarse con el tipo de empleado que buscas.

Cuéntales lo que buscas a los clientes, banqueros, proveedores, a tus amigos y conocidos, e incluso a las personas con las que tratas de manera ocasional, como abogados, contadores, socios comerciales y demás. Asegúrate de que la red abarque la mayor extensión posible.

Otras excelentes fuentes de candidatos de buena calidad son las agencias de empleo y los buscadores de ejecutivos. Según el tamaño del negocio, estos servicios pueden ayudarte a ahorrar mucho tiempo, dinero y esfuerzo en el análisis y la búsqueda del tipo de persona que necesitas para contribuir al crecimiento del negocio.

Los anuncios en el periódico son otra fuente de candidatos, si bien suelen ser la menos eficaz. La sección de clasificados laborales del domingo es la mejor para este propósito. La clave es incluir una descripción específica del puesto en el anuncio y realizar una preselección de las personas que llamen de acuerdo con los requisitos publicados. El ochenta y cinco por ciento de las personas que responden a un anuncio en el periódico no son adecuadas para el puesto, y esto puede determinarse telefónicamente durante el primer contacto.

Es posible que la fuente de candidatos laborales más importante y de más rápido crecimiento sea la Internet. Una octava parte de los puestos laborales vacantes se cubre a partir de los anuncios en la Internet —hasta hace unos pocos años, esto no era una alternativa. Los sitios de Internet destinados a ayudar a las empresas a encontrar buenos candidatos, como Craigslist, Monster.com y Career Track son rápidos, eficaces y económicos, y tienen alcance nacional.

Entrevistas efectivas

La mayoría de los ejecutivos no recibió capacitación para entrevistar candidatos para un puesto de la manera correcta. Afortunadamente, el proceso es bastante simple, en tanto puedas imponerte la disciplina necesaria para aprenderlo y seguirlo en todas las oportunidades.

Comienza por hacer que el candidato se sienta cómodo y por ayudarlo a relajarse. Dile que se trata de una entrevista de exploración y que el objetivo de ambos es determinar si lo que ofrece la empresa y lo que busca el candidato es lo mismo.

No comiences a vender hasta que no hayas decidido comprar. En otras palabras, resiste la tentación de convencer al candidato de que se trata de un excelente empleo y una gran empresa antes de que hayas determinado que es el tipo de persona que buscas.

Qué se debe buscar

Estas son algunas de las cosas que debes buscar. En primer lugar, busca un candidato orientado a los resultados o a los logros. Cuando formules preguntas y escuches las respuestas, busca ejemplos del pasado de momentos en que el candidato haya disfrutado obtener resultados y alcanzar el éxito en el trabajo.

El desempeño laboral pasado es el mejor indicador de cómo puede funcionar el candidato en el puesto que ofreces. Hazle preguntas sobre sus éxitos pasados. Sobre todo, pregúntale cuál fue su mayor logro en el ámbito laboral. Indaga en la respuesta y pregúntale qué lo gratifica tanto de ese logro.

Otra cosa a la que debes estar atento es a las preguntas inteligentes. Una de las marcas distintivas de la inteligencia es la curiosidad. Un buen candidato demuestra curiosidad mediante una serie de preguntas —que, por lo general, lleva escritas— sobre ti, sobre la empresa, el trabajo y las oportunidades de crecimiento, entre otras cosas.

Presta especial atención al sentido de urgencia. Una buena pregunta que puedes hacer es: «Si te ofreciéramos este puesto, ¿cuán pronto podrías comenzar?» El candidato indicado desea empezar lo antes posible, mientras que el candidato incorrecto encontrará toda clase de razones para retrasar o postergar la partida de su empleo actual.

Cuando leas el currículum vítae del candidato, busca muestras de simplicidad y honestidad y un foco en los logros en lugar de centrarte en la descripción de las actividades y la duración de los empleos. Lo que buscas aquí son *resultados transferibles*.

Sé precavido en cuando a las cartas de referencia. Por lo general, resultan inútiles o engañosas. Llama por teléfono a los firmantes de las cartas de referencia. Hoy día, muchas empresas prefieren no decir nada sobre un ex empleado por temor a que les inicien acciones legales. En este caso, siempre puedes hacer la pregunta: «¿Volverían a contratar a esta persona hoy si se postulara a un empleo en la empresa?» Esto requiere un simple «sí» o «no», y ambas son respuestas que no pueden dar origen a una causa legal. Si la empresa no volvería a contratar a esta persona, se trata de una señal de alerta.

Durante las entrevistas, puedes aplicar una fórmula simple para determinar si la persona que tienes delante es la indicada. Se denomina fórmula ITAA, sigla que corresponde a las iniciales de las palabras que representan las cuatro cosas que buscas en la persona: que sea inteligente, trabajadora, ambiciosa y agradable.

Recuerda: Las decisiones de personal rápidas casi invariablemente son decisiones de personal incorrectas. Avanza de a poco. Sé paciente. Haz buenas preguntas y escucha las respuestas con atención. Toma notas cuando tu interlocutor hable. Formula preguntas relacionadas con los puntos más prioritarios de la descripción del puesto. Pregúntale acerca de cómo cree que podría desempeñarse en esas áreas.

Cuando hayas llegado a la conclusión de que la que tienes en frente es la clase de persona que buscas, puedes darle más detalles sobre la empresa y el empleo. Comienza a vender cuando hayas decidido comprar.

Practica la ley del tres

Esta poderosa técnica puede mejorar drásticamente tu capacidad para seleccionar a las personas indicadas para el largo plazo. Sigue la ley del tres: entrevista al menos a tres candidatos para cualquier puesto, y entrevista al candidato que más te agrade como mínimo en tres ocasiones y en tres sitios diferentes.

Las decisiones de contratación basadas en la intuición suelen resultar un fracaso. Por otra parte, cuando entrevistas a tres candidatos para un puesto, puedes darte una mejor idea de cuál de ellos es el mejor. Tienes una mejor idea de lo que se encuentra disponible y de qué es lo que buscas exactamente. Si solo hablas con una persona, el rango de posibilidades es demasiado limitado.

Nunca le ofrezcas un empleo a alguien en la primera entrevista. Si te agradó una persona, invítala a una segunda y a una tercera entrevistas. Recuerda: la mejor versión del candidato es la que verás en la primera entrevista. En la segunda, verás y percibirás una persona distinta. En la tercera, el candidato será tan diferente que te preguntarás qué estabas pensando cuando lo entrevistaste por primera vez.

Por último, entrevista a la persona en al menos tres ubicaciones diferentes. Entrevístala una vez en la oficina, otra vez en el vestíbulo o en otro salón, y otra quizá en un café frente a la oficina. Un candidato que se ve bien en la oficina puede parecer una persona promedio en el vestíbulo y alguien completamente mediocre en el café o durante el almuerzo. No olvides que, cuanto más despacio avances, mejores serán las decisiones que tomes.

La última aplicación de la ley del tres es hacer que entrevisten al candidato al menos tres posibles compañeros de trabajo. A la hora de contratar a alguien, no dependas únicamente de tu propio juicio. Es posible que alguien que te cayó bien al comienzo sea del todo inaceptable cuando otras personas tengan la posibilidad de expresar sus opiniones.

En mi empresa, todos tienen la oportunidad de entrevistar y votar a los nuevos candidatos antes de que se les hagan ofertas de trabajo. Es realmente asombroso lo que un candidato puede llegar a revelar cuando habla con un colega potencial en lugar de con un posible jefe.

Selecciones correctas

Antes de tomar la decisión de contratación definitiva, puedes hacer lo siguiente. En primer lugar, considera el clima corporativo y la combinación de personas en la empresa. Esto desempeña un papel fundamental en el desempeño futuro del nuevo empleado. ¿Encajará esta persona en el clima y la cultura corporativos? ¿Estará contenta en el negocio? Estas son dos cosas muy importantes.

Utiliza el método de selección «familiar». Pregúntate: «¿Me sentiría cómodo si invitara a esta persona a comer con mi familia en casa el domingo por la noche?» Esta gran pregunta te da una sensación interna muy confiable de si la persona en cuestión encajará contigo y con los demás.

¿Pondrías a tu hijo o a tu hija a trabajar bajo la dirección de esa persona? Si la respuesta es negativa, ¿por qué? Cuando te imaginas que designas a tus hijos empleados a cargo de esta persona, tienes una idea mucho más clara de si se trata del candidato adecuado para el negocio a largo plazo.

Por último, ¿realmente te agrada esta persona? Solo debes contratar personas que te agraden y cuya compañía disfrutes. ¿Estarás cómodo trabajando con esta persona durante los siguientes veinte años? Recuerda: La visión a largo plazo mejora enormemente la toma de decisiones a corto plazo.

Ahora, pasa revista a tus sensaciones con otras personas que también trabajarán con el candidato. Escúchalas atentamente. Luego, tómate tu tiempo para decidir si es la persona indicada para ti.

Un amigo realizó un proceso de contratación realmente meticuloso: entrevistó a treinta y cinco candidatos —a muchos de ellos, más de una vez. Al final del proceso, decidió no contratar a ninguno de ellos. Tras años de experiencia, aprendió que una mala decisión de contratación es peor que no contratar a nadie.

La negociación del salario correcto

En lo que respecta al salario, los bonos y otras formas de compensación, recuerda esta regla clave: «las buenas personas no tienen costo».

Las buenas personas *no tienen costo* en el sentido de que contribuyen más en dividendos que lo que les pagas en salario y bonos. Cada buena persona que agregas a la nómina mejora los resultados de la empresa. La rentabilidad de la empresa está determinada en gran medida por tu capacidad para atraer y conservar buenos empleados que aportan más de lo que se llevan. Por esta razón, el importe que pagues debe determinarse principalmente sobre la base de la contribución potencial de esta persona y no de reglas arbitrarias del mercado o de la industria.

En la actualidad, la regla es pagarles a las personas talentosas lo que sea necesario para captarlas, de acuerdo con el salario que recibirían si trabajaran para otra empresa. De todos modos, cuanto mejor preparado estés para la negociación del salario, mejor será el acuerdo al que llegues. Averigua cuánto se paga por ese puesto en el mercado actual, verifica cuánto puedes pagar y determina cuánto podría llegar a aceptar el candidato (por ejemplo, puedes preguntarle: «¿Cuánto dinero necesitas ganar para sentirte cómodo en este puesto?»).

Si deseas contratar a alguien que todavía trabaja para otra empresa, tendrás que pagarle al menos un diez por ciento más de su salario actual. Al parecer, este es el porcentaje al que las personas están dispuestas a pasar de una empresa a otra.

No tengas miedo de pagar por las personas talentosas. No olvides que en los mercados laborales siempre se recibe aquello por lo que se paga.

Hazlos comenzar en seguida

Los buenos empleados son demasiado valiosos y escasos para el antiguo método del sálvese quien pueda. Los nuevos empleados, incluso aquellos que tienen amplia experiencia laboral, necesitan un enfoque práctico para comenzar un nuevo empleo. La manera en que inicies al empleado en sus funciones determinará en gran medida su desempeño y eficacia en los meses y los años futuros.

Comienza por explicarle los valores, la visión, la misión y el propósito de la empresa. Explícale cómo y por qué los productos de la empresa hacen una verdadera diferencia para los clientes. Convence al empleado de la importancia y el valor del puesto y explícale cómo encaja en la contribución que la empresa hace a la sociedad.

El primer día, recorre la empresa con él; ayúdalo a que se familiarice con ella. Muchas empresas ofrecen un programa de orientación de una o dos semanas para los empleados nuevos que cubre todo lo que acabo de mencionar. Al menos, pasa un poco de tiempo con el empleado al comienzo para que se sienta bienvenido a esta nueva familia.

Crea un sistema de apoyo para cada nueva incorporación. Asigna a otra persona capaz para que trabaje con esta persona como compañero o amigo. Este amigo puede mostrarle al nuevo empleado las instalaciones y responder cualquiera de sus preguntas.

Descubrirás que, cuando los haces comenzar en seguida, los empleados nuevos son más positivos y están más motivados y comprometidos con sus empleos y con la empresa. Los primeros dos días, las primeras dos semanas, son muy importantes para sembrar las actitudes adecuadas en la mente del nuevo empleado.

Comienzo a toda máquina

Si hiciste la selección correcta, la persona nueva estará preparada y ansiosa por empezar su nuevo empleo, y bien predispuesta. Al comienzo, dale mucho trabajo para hacer. La sobrecarga de trabajo al inicio convierte al empleo en un desafío y en algo excitante.

Al mismo tiempo, ofrece numerosas oportunidades para que te haga comentarios sobre el trabajo o para hablar al respecto. Cuando las personas tienen muchas oportunidades de hablar y de hacer preguntas sobre el trabajo, se integran a la empresa mucho más rápido. Están mucho más motivadas para hacer un buen trabajo y comprometidas con ese propósito que las que empiezan lentamente o reciben pocos comentarios.

Apenas empiece, busca oportunidades para encontrar al nuevo empleado haciendo algo bien. Reúnete con esta persona, habla con ella y dile palabras de aliento y elogio en cada oportunidad. Durante los primeros días y las primeras semanas, las personas están especialmente sensibles y más abiertas a las influencias positivas. Asegúrate de que estos sean buenos momentos para el empleado nuevo, de modo que se sienta genuinamente feliz de trabajar para ti y contigo.

Resuelve los problemas rápido

Vivimos en un mundo de increíbles cambios y turbulencia. Las personas somos complejas, por lo que es posible que se produzcan malos entendidos con frecuencia. Los problemas de personalidad y desempeño pueden surgir incluso en las personas más capaces y destacadas. A menudo, estos malos entendidos y problemas no son culpa del empleado.

Cuando surja un problema de cualquier clase, lidia con él rápidamente. Muchos problemas causados por sucesos externos son temporales y pasajeros y pronto desaparecen. Cualquiera sea la dificultad, llama a la persona a tu oficina o ve a verla inmediatamente para lidiar con el problema.

Resiste la tentación de echar culpas, acusar o juzgar a los demás. En cambio, demuestra empatía y apoyo. En lugar de acusar o exigir, formula preguntas para tener mayor claridad sobre lo que sucedió. Escucha las respuestas con paciencia.

No olvides que muchos problemas en el empleo son ocasionados por la propia empresa o el supervisor. El punto es que nadie hace deliberadamente algo que cree que está mal. Todos queremos hacer un buen trabajo y que los demás nos acepten.

Dos problemas comunes

Existen dos problemas frecuentes que causan la mayor parte de las dificultades en el trabajo: falta de dirección y falta de comentarios o críticas sobre el trabajo.

Cuando hay falta de dirección, la persona no tiene del todo claro qué se pretende y se espera de ella. Al no contar con instrucciones y estándares de desempeño claros y específicos, esta persona hará lo mejor que pueda, dentro de su conocimiento y experiencia limitados. El máximo desmotivador en el mundo del trabajo es no saber qué se espera de nosotros. Por otra parte, el máximo motivador es que nos digan exactamente qué se espera.

La falta de comentarios sobre el desempeño es otra gran fuente de dificultades. Las personas necesitan saber, de manera regular, cuán bien hacen las cosas. Si están cometiendo un error, alguien debe señalárselos; si están haciendo las cosas bien, alguien debe confirmárselos y reconocérselos.

El noventa y nueve por ciento de los problemas en el trabajo se deben a dificultades o falta de comunicación. Los ejecutivos de excelencia siempre parten de la suposición de que es su culpa que un empleado no pueda desempeñarse de acuerdo con los estándares esperados. Si comienzas desde ese punto de vista, resolverás la mayoría de los problemas de desempeño rápida y fácilmente.

Mejora el desempeño de manera profesional

Las descripciones y los requisitos de los puestos laborales cambian con tanta rapidez que es necesario redefinirlos continuamente para todos los empleados. A continuación, encontrarás cinco pasos sencillos que puedes aplicar de manera regular para mejorar el desempeño de cada una de las personas que tienes a cargo.

En primer lugar, tomen asiento, y explícale a la persona claramente qué se espera de ella. Describe los resultados que deseas obtener de su trabajo de manera clara y objetiva. Si se trata de algo muy importante, ponlo por escrito de manera que el empleado pueda leerlo y llevárselo consigo.

En segundo lugar, establece estándares de desempeño mensurables para la tarea que deseas que haga esta persona. Asígnale un número a cada variable. Si es posible, aplica indicadores financieros a cada responsabilidad de resultados. Una de las grandes normas de la gestión es «lo que puede medirse se hace realidad».

En tercer lugar, nunca presupongas que el empleado comprendió completamente lo que le dijiste. Cuando delegues una tarea, pídele al empleado que repita lo que le dijiste en sus propias palabras. Nunca te reúnas con un miembro del personal para delegarle una tarea sin insistir en que traiga un anotador para escribir lo que le digas.

En el cincuenta por ciento de los casos, cuando el empleado lea lo que acabas de decir, te encontrarás con que entendió mal las instrucciones. Ese es el momento de solucionar el error, no más tarde.

Ofrece comentarios sobre su trabajo de manera regular

En cuarto lugar, hazles comentarios a los empleados sobre su desempeño para que sepan qué están haciendo bien y qué pueden modificar o mejorar.

Para hacer lo mejor posible, todo necesitamos recibir comentarios con regularidad para saber si vamos por el buen camino, para saber en qué momentos hacemos bien las cosas y en qué podemos mejorar. Cuanto más nueva sea una persona en un trabajo, más comentarios regulares necesita para cumplir su tarea correctamente.

En quinto lugar, revisa que todo vaya de acuerdo con lo esperado. Delegar no es abdicar; cuando delegas una tarea, asignas esa responsabilidad a alguien, pero sigues siendo el último responsable de ella. Si la tarea es importante, inspecciona el progreso de la tarea hacia la meta de manera regular. Esto le dice al empleado que se trata de un trabajo importante y además te da la oportunidad de hacerle comentarios con frecuencia y de descubrir errores en las primeras etapas del proceso, cuando su costo puede ser considerablemente menor que si se detectaran más adelante.

A todos nos encanta sentir que hacemos bien nuestro trabajo; nos encanta la sensación de éxito y de contribuir a algo. En especial, nos gusta que nos hagan comentarios positivos y nos den reconocimiento por haber hecho bien una tarea. Todo esto es posible si te mantienes enfocado en mejorar el desempeño de los empleados.

Presupón las mejores intenciones

No importa lo que suceda, siempre debes partir de la suposición de que la otra persona está haciendo lo mejor posible con los recursos con los que cuenta. Cuando surgen dificultades en el trabajo de un empleado o en las relaciones interpersonales en la oficina, parte siempre de la base de que todos tienen las mejores intenciones. No dejes de pensar que todos quieren lo mejor y resiste la tentación de enfadarte o de perder la paciencia.

Mi regla para esto es no sufrir estrés debido a la insatisfacción con el desempeño o el comportamiento de las personas que tienes a cargo. Si algo como esto sucede, debes lidiar con ello de inmediato. Nunca debes volver a casa sin haber lidiado con el problema o sin haberlo enfrentado de alguna manera. Este es el modo de hacerlo:

Primero, llama a la persona y conversa con ella sobre el problema en privado, con la puerta cerrada. Nunca corrijas o critiques a alguien delante de otras personas. A puertas cerradas, explica claramente que crees que hay un problema con el que es necesario lidiar y que quieres poner manos a la obra de inmediato.

En segundo lugar, debes ser específico respecto al problema o malentendido. Da ejemplos concretos de lo que te preocupa. Cuanto más específico seas, más precisas y útiles serán las respuestas.

Tercero, escucha todo lo que tu interlocutor tenga para decir. Escucha atentamente su versión del problema. La ley de la situación afirma que para cualquier problema que involucre a dos personas, existen situaciones diferentes cuya resolución requiere reglas y decisiones distintas. Con frecuencia, descubrirás que la versión del problema de la otra persona arroja nueva luz sobre la situación.

Establece expectativas claras

En cuarto lugar, si el empleado tiene algún tipo de culpa respecto del problema, conversen acerca de cómo y cuánto debe cambiar su desempeño y pónganse de acuerdo en esto. Nadie puede dar en el blanco si no lo ve. Cuando señalas qué es exactamente lo que debe hacerse para resolver el desafío, las personas saben de manera precisa qué deben hacer para volver a la cima.

En quinto lugar, supervisa la decisión acordada y realiza un seguimiento de la situación. Ofrece comentarios y ayuda adicional cuando sea necesario. Ofrece apoyo y colaboración. En ocasiones, un empleado problemático puede convertirse en una superestrella con la dirección correcta.

Por último, lleva notas y registros precisos de la conversación. Si sospechas que el problema puede ser la punta del iceberg que llevará al despido del empleado, lleva un registro escrito de la conversación para protegerte. Incluye cuándo y por qué tuvo lugar y cuál fue la solución acordada. Esto puede ahorrarte muchísimos problemas en el futuro.

Satisface sus necesidades clave

Para conservar a los buenos empleados y mantener su desempeño al máximo, debes satisfacer sus necesidades emocionales, del mismo modo en que el alimento satisface las nutricionales. Todos tenemos tres necesidades emocionales principales en el ámbito del trabajo: dependencia, independencia e interdependencia.

La necesidad de dependencia se refiere a la necesidad que todos tenemos de formar parte de algo más grande. Todos queremos pertenecer a algo que nos supere, queremos sentir que lo que hacemos marca una diferencia en el mundo. Además, todos deseamos la seguridad, la comodidad y la satisfacción que nos da estar bajo el paraguas de una autoridad u organización más grande que nosotros. Para satisfacer la necesidad de dependencia, haz que los demás se sientan continuamente felices y seguros por trabajar para una organización que marca una diferencia en el mundo. La satisfacción de esta necesidad es una fuente importante de lealtad y compromiso.

Satisface la necesidad de independencia

A su vez, todos también necesitamos independencia: queremos destacarnos y que nos reconozcan como alguien especial o importante sobre la base de nuestras cualidades y logros personales. Cada vez que dices o haces algo que provoca que los demás se sientan bien consigo mismos, satisfaces su necesidad de independencia.

El tercer tipo de necesidad es la de interdependencia, el deseo de formar parte de un equipo, de trabajar de manera eficaz en colaboración con otras personas. Los seres humanos somos animales sociales, y la mayoría de las personas solo están contentas cuando trabajan con otros en un entorno feliz, armonioso y productivo. Las mejores empresas y los mejores gerentes siempre están en busca de formas que les permitan generar un mayor sentido de armonía, felicidad y cooperación entre su personal. Esta es una de las funciones principales de la dirección y el liderazgo.

La clave para satisfacer estas tres necesidades, dependencia, independencia e interdependencia, es escuchar atentamente, responder de la manera adecuada y ser flexible a la hora de tratar con los demás. Estas necesidades difieren en intensidad de acuerdo con la persona. Tu tarea aquí es ser sensible a esas diferencias y responder a ellas de la manera adecuada en el momento indicado.

Practica la gestión participativa

De acuerdo con el antiguo paradigma, los empleados estaban agradecidos de tener empleo. Iban al trabajo, hacían lo que se esperaba de ellos y luego regresaban a casa. Sin embargo, hoy día esto es diferente. Hoy los buenos empleados quieren involucrarse por completo en sus empleos. De hecho, «estar al tanto» se considera una de las mayores fuentes de satisfacción laboral en el mundo del empleo.

No existe otra forma de construir un equipo poderoso y positivo de personas muy motivadas que mediante reuniones regulares para conversar, debatir, discutir, resolver problemas, hacer planes y compartir información, ideas y experiencias generales.

Organiza reuniones regulares

Uno de mis clientes me dijo que su empresa había estado perdiendo dinero durante dos años y llegó al borde de la quiebra. En ese entonces, mi cliente descubrió la importancia de las reuniones semanales con participantes de todos los niveles del personal. Cuando reunió a los gerentes para la primera de estas reuniones, estos sospecharon. Pero después de dos o tres semanas de reuniones abiertas, las barreras cayeron y todos comenzaron a hacer sugerencias sobre cómo aumentar las ventas, recortar gastos y mejorar las ganancias.

Al cabo de seis meses, la empresa había dado un vuelco. Las ventas y la rentabilidad se dispararon, y todos los gerentes también comenzaron a tener reuniones semanales de personal. El clima psicológico de la empresa pasó de temeroso y desconfiado a feliz y lleno de energía en muy poco tiempo.

Esta es la regla: debes tener reuniones de personal al menos una vez a la semana con todas las personas que tienes a cargo. En estos encuentros, todos están incluidos en el orden del día como un punto más que tratar. Todos pueden informar qué están haciendo y cómo les va, ofrecer sugerencias y solicitar los recursos que necesiten.

Te sorprenderás muchísimo de la efectividad con la que estas reuniones abiertas generan un maravilloso sentido de amistad y cooperación entre los miembros del equipo. Los problemas de todo tipo se resuelven rápidamente. Las personas comienzan a compartir sus experiencias personales y, lo mejor de todo, comienzan a reír juntos y a verse como parte de algo valioso y provechoso.

Pero he aquí una advertencia: es absolutamente fundamental que evites que las reuniones de personal se conviertan en disertaciones de la dirección ejecutiva. Tu tarea principal en estos encuentros no es hablar, sino escuchar. Deja que sea el personal el que guíe los temas de conversación. Las reuniones de personal en las que los empleados pasan horas interminables escuchando una exposición del líder sobre qué lo motiva son una pérdida de tiempo para el personal y no son bien recibidas.

Cuanto más involucres al personal en todos los niveles de todas las decisiones, más motivados y entusiasmados estarán a la hora de poner en práctica las decisiones y lograr el éxito al que aspiras. La gestión participativa es una de las técnicas de motivación más efectivas para construir organizaciones de alto rendimiento.

Crea un excelente entorno laboral

La retención de los empleados es uno de los factores más críticos para el éxito comercial en el dinámico mercado actual. Una vez que contrataste y capacitaste a excelentes empleados y formaste y desarrollaste un equipo con ellos, es absolutamente importante que hagas todo lo posible para, como diría Shakespeare: «atarlos a ti con ganchos de acero». En palabras de W. Edwards Deming, la manera de crear un lugar perfecto para trabajar es «eliminar el miedo».

Tu tarea consiste en crear un entorno de gran confianza donde todos se sientan muy bien consigo mismos. La manera de hacerlo es negarse a criticar o culpar a los demás y a quejarse. No culpes a los demás por cometer errores o por hacer mal las cosas. Crea un entorno laboral donde el temor al fracaso y al rechazo que todos llevamos con nosotros no tengan lugar.

Acepta los errores bienintencionados

La clave para construir un entorno de gran confianza es permitir que las personas cometan errores bienintencionados sin criticarlos o hacer que se sientan mal o incompetentes. Cuando las personas sienten que tienen permiso para asumir riesgos y cometer errores sin temor a represalias, suelen ser más reflexivas y creativas para cumplir las metas de la empresa que en otro tipo de condiciones.

Cuando alguien haga algo que no funcione —cosa que sucede con frecuencia—, en lugar de criticarlo ayúdalo a identificar las valiosas lecciones que ofrece esa experiencia. Céntrate en el futuro en lugar de en el pasado. Enfócate en la solución, no en el problema. Cuando alguien cometa un error, dile: «De acuerdo. Ahora, ¿cómo seguimos? ¿Cuál es el siguiente paso? ¿Qué te parece si, la próxima vez, lo hacemos de esta manera?»

Ayúdalos a aprender y crecer

Ayuda a los demás a aprender y crecer a partir de los fracasos y los contratiempos temporales. Aliéntalos a aprender todo lo que puedan. Siempre que sea posible, recompénsalos por haber asumido un riesgo y reconoce el valor de ello.

Hay una anécdota muy conocida sobre Thomas J. Watson padre, el fundador de IBM. Este señor llamó a su oficina a un joven vicepresidente que acababa de gastar diez millones de dólares en un proyecto de investigación que había sido un fracaso rotundo. Cuando llegó a su despacho, el vicepresidente se disculpó y le ofreció su renuncia a Watson con las palabras: «No es necesario que me despida. Me iré en paz; sé que cometí un error».

Thomas Watson respondió: «¿Despedirte? ¿Por qué habría de hacerlo? Acabo de gastar diez millones de dólares en tu educación. Ahora, hablemos de tu próxima tarea».

La única forma en que las personas pueden aprender, crecer y desarrollar sabiduría y juicio es mediante intentar cosas nuevas y cometer errores. Tu tarea consiste en asegurarte de que cada una de las lecciones aprendidas se aplique para hacer que la empresa sea cada vez más exitosa en el futuro. Esta es la forma de convertir una empresa en un excelente lugar de trabajo.

Enfócate continuamente en las personas

Tal vez este sea el punto más importante de todos. Si te enfocas en las personas, ellas se enfocarán en el negocio. Si centras todas tus energías en hacer que los demás se sientan muy bien consigo mismos, sacarás a relucir sus más altos niveles de creatividad, energía positiva, cooperación, compromiso y dedicación para cumplir con su trabajo de la manera correcta.

Se dice que un buen general no puede tener malos soldados. En las organizaciones no se puede levantar la moral; en cambio, esta se filtra desde la cúpula. Tú marcas la pauta para las personas que tienes a cargo; eres la bujía, el mariscal de campo, el factor clave de producción de toda la empresa o departamento. Como líder, eres el que más responsabilidad tiene en cuanto a contratar y conservar a los mejores, y luego modelarlos para formar un equipo de alto rendimiento que logre resultados semana a semana y mes a mes.

Trátalos como si fueran voluntarios

En el increíblemente difícil mercado laboral de nuestros días, es necesario tratar a los empleados como si fueran voluntarios. Haz de cuenta que diriges una organización sin fines de lucro o una campaña política. Imagina que todos los que vienen a trabajar para ti son voluntarios que resignan tiempo personal que podrían dedicar a cualquier otra cosa.

Dado que siempre hay demanda de empleados talentosos, todas las personas que trabajan para ti son realmente voluntarias. Todos podrían estar en otra parte. Todas las personas tienen muchas oportunidades y, cuanto mejores son, más oportunidades tienen y más rápido pueden irse a otro sitio si no están contentas donde están.

Cuando tratas a los demás como voluntarios y expresas continuamente cuánto valoras que trabajen contigo y te ayuden a alcanzar tus metas, experimentarás un cambio de actitud. Siempre te manejarás con cortesía y educación; siempre serás positivo y alentador; siempre serás amigable. Nunca criticarás a los demás ni te quejarás o te enfadarás cuando las cosas salgan mal —después de todo, recordarás que estas personas son voluntarios que pueden irse en cualquier momento si no están contentas allí.

Respeta a los empleados

Tanto en sus primeros días como en toda su vida profesional en la empresa, los empleados deben sentir un respeto sincero de tu parte. El respeto es la clave para conservar a los mejores. En el pasado, los líderes no respetaban a sus subordinados. Creían que los empleados y los trabajadores de mostrador eran un tipo de ser humano inferior que no merecía confianza. Cuestiones como delegar, compartir información, hacer comentarios constructivos y positivos, y pedir opiniones y sugerencias al personal y los empleados eran impensables. El concepto de tratar a los empleados como si fueran voluntarios hubiera hecho reír a los gerentes de antaño. Los empleados eran personas a quienes controlar y dirigir. Punto.

Si tus mejores empleados perciben que no tienes un respeto genuino por ellos, se irán a trabajar a otra parte. Si sigues las reglas y los consejos de este capítulo —es decir, si satisfaces sus necesidades de dependencia, independencia e interdependencia, pones en práctica la gestión participativa, aceptas los errores bienintencionados, ayudas a los demás a crecer y a aprender y los tratas como voluntarios—, descubrirás que los mejores empleados que tienes querrán quedarse contigo y en la organización tanto tiempo como les sea posible.

Contrata a los mejores

En cada etapa de desarrollo de la economía, es necesario contar con diferentes habilidades y capacidades para sobrevivir y prosperar. En una época, había que tener mucha motivación y concentración para cumplir el trabajo y tener un mejor desempeño que la competencia, y era necesario rodearse de personas iguales. En la actualidad, es diferente. En nuestros días, la habilidad más importante es la capacidad de contratar y conservar a los mejores. Esta capacidad tendrá una mayor influencia en tu nivel de éxito y felicidad que cualquier otra que puedas desarrollar.

Suele decirse que todo en la vida es el estudio de la atención: adonde se dirige tu atención, se dirige tu vida. Cuando comiences a prestarle especial atención a contratar y conservar a personas excelentes, cada vez serás mejor en ello. Tu capacidad y tu habilidad para entrevistar y contratar mejorarán; serás cada vez más competente para dirigir y motivar, y tu valor para ti mismo y para la empresa será cada vez mayor.

CAPÍTULO SEIS

Cómo construir equipos ganadores

> *«Una visión clara, respaldada por un plan definido, te da una tremenda sensación de confianza y poder personal».*
> —Brian Tracy

Todo el trabajo se hace en equipo. La capacidad para armar y dirigir un equipo de alto rendimiento de personas motivadas es una de las claves del valor y la eficacia de los ejecutivos en todas las etapas de su vida profesional.

Se ha investigado extensamente la dinámica de grupos y los procesos grupales con varios miles de personas distintas como protagonistas y un costo millonario. Gracias a eso, en la actualidad sabemos más que nunca sobre cómo armar un equipo ganador.

Al igual que usamos recetas para preparar algunos platos, existe una receta con eficacia demostrada para formar equipos de trabajo autónomos y de alto rendimiento. Cuando apliques esta receta —estas ideas y estos principios— de manera regular, hasta que sean algo habitual y automático, obtendrás resultados mucho mejores de lo que creías posible de las personas que tienes a cargo.

Espacio para mejorar

Como mencioné en el capítulo anterior, el empleado promedio trabaja apenas el cincuenta por ciento de su capacidad. Según estudios y observaciones, las personas dedican gran parte de su tiempo a conversaciones ociosas con los compañeros de trabajo, a navegar en Internet, a ir a buscar café, a tomar almuerzos largos, a leer el periódico, a ocuparse de asuntos personales y a llegar tarde e irse temprano.

El personal representa entre el sesenta y el ochenta por ciento del costo operativo total de un negocio. Tu tarea es obtener el mejor rendimiento de la inversión en recursos humanos posible.

En la actualidad, todo el trabajo se hace en equipo. A menos que tengas un puesto de limpiabotas, la cantidad y la calidad de tu trabajo dependen de muchas otras personas, y muchas personas dependen de ti.

El resultado del gerente es el resultado del equipo, y el resultado del equipo es el del gerente. El buen rendimiento no se logra solo, sino con otras personas.

Por esta razón, si pretendes «ganar el partido», necesitas contar con el compromiso absoluto de cada uno de los miembros del equipo con el máximo rendimiento. Es tu responsabilidad lograr ese compromiso.

Competencia y compromiso

Existen dos dimensiones que permiten medir y analizar a los empleados: la competencia y el compromiso. Estas dos dimensiones permiten categorizar al personal en cuatro cuadrantes.

Imagina un cuadro dividido en cuatro cuadrados. El cuadrado superior izquierdo incluye a las personas competentes y comprometidas. Estas tienen un *desempeño superior a la media* y son quienes logran el ochenta por ciento de los resultados. Se trata de las personas más valiosas para ti. Constituyen el veinte por ciento de las personas alrededor de las cuales construyes el negocio.

El segundo cuadrante, el superior derecho, contiene a las personas que son competentes pero que no tienen un compromiso contigo, con la empresa o con los valores que ambos representan. Hacen un buen trabajo, pero no «están convencidos». Estos empleados son la mayor fuente de problemas internos y externos. Se quejan, hacen política, cuestionan la autoridad y, con frecuencia, desmoralizan a las personas que tienen alrededor. Tu estrategia con estas personas debe ser convencerlos de que se conviertan en buenos trabajadores en equipo, tal como se describe en la sección siguiente.

El tercer cuadrante, el inferior izquierdo, representa a las personas que están comprometidas pero no son competentes. Son agradables, pero no son excelentes en su trabajo. Sin embargo, puede dárseles capacitación. Tu meta es darles la capacitación y la experiencia necesarias para que asciendan al cuadrante de los «competentes y comprometidos».

Los peores empleados de todos son los que ocupan el cuadrante inferior derecho: las personas que no son competentes ni están comprometidas. Una vez que identifiques a estas personas, debes deshacerte de ellas lo antes posible, antes de que arrastren a su nivel al resto de la organización.

Cuatro factores de motivación

Para ayudar a los empleados a que se conviertan en integrantes felices y productivos de un equipo, es necesario que conozcas qué los motiva. En el trabajo, las personas se sienten motivadas principalmente por cuatro factores.

El primero es el *trabajo desafiante e interesante*. La mayoría de las personas buscan estar contentas y ocupadas en el trabajo, haciendo cosas que las mantengan activas y las hagan esforzarse, salir de su zona de confort y aprender y crecer de manera constante. Nadie hace propias las metas y los objetivos de un equipo si solo le encargan las tareas más mundanas.

En segundo lugar, las personas se sienten muy motivadas cuando trabajan en un *entorno de gran confianza*. Esto se logra cuando se mantiene a las personas informadas de lo que sucede.

Cuando las personas sienten que están al tanto de todo lo que afecta su trabajo y su puesto, tienen mayores niveles de confianza y motivación para desempeñarse que cuando sienten que trabajan a ciegas.

Como remarqué a lo largo del libro, tal vez la mejor manera de mantener informadas a las personas sea tener reuniones semanales de personal donde todos tengan la oportunidad de hablar acerca de lo que están haciendo delante de los demás. Este es el ejercicio de construcción de grupos más potente que existe.

En tercer lugar, las personas se sienten motivadas cuando se las hace *personalmente responsables de los resultados*. Esta es una de las herramientas más poderosas para aumentar la competencia y la confianza de las personas. Dales tareas desafiantes e importantes y ofréceles apoyo mientras las completan. Cuantas más responsabilidades asume una persona, más crece en sus capacidades de toma de decisiones y liderazgo, y más valiosa es para la empresa.

En cuarto lugar, las personas se sienten motivadas por las oportunidades de *crecimiento personal y ascenso*. Muchas personas aceptan un empleo nuevo o permanecen en un trabajo donde se paga menos de lo que podrían ganar en otra parte si creen que, a causa del trabajo que hacen, están desarrollando más habilidades y competencias. Tienen la certeza de que estas habilidades y experiencias nuevas les darán más valor en el futuro.

Para sorpresa de la mayoría de los gerentes, el *dinero* y las *condiciones laborales* ocupan los lugares quinto y sexto en la lista de las cosas que motivan a las personas en el trabajo.

La dinámica de los mejores equipos

La dinámica de los mejores equipos y las razones de su asombroso rendimiento se estudian desde hace muchos años en diferentes partes del mundo. Todos los equipos que participaron de estos estudios lograron un enorme éxito comercial.

Redujeron costos drásticamente en períodos cortos para mantenerse competitivos en mercados difíciles. En muchos casos, redujeron el tiempo de desarrollo de productos de tres años a seis meses. Algunos crearon productos e industrias nuevos en medio de una competencia muy activa y lograron dominar el mundo.

Todos estos equipos superiores tienen cinco características en común:

1. Metas compartidas

La primera característica de los mejores equipos es que comparten las metas y los objetivos. Cada uno de los integrantes del equipo tiene muy en claro cuál es la tarea que deben llevar a cabo. Conocen la respuesta a la pregunta: «¿Qué es exactamente lo que intentamos lograr?»

En los mejores equipos parece haber mucha interacción. Discuten y acuerdan la visión futura ideal sobre cómo debe ser el producto o servicio perfecto o de cómo se verá la meta cuando la alcancen. Conversan, explican y acuerdan completamente qué debe hacerse. Existe una relación directa entre la cantidad de tiempo que se dedica a conversar sobre las metas y el nivel de compromiso de cada persona para lograr esas metas una vez que se termina la discusión.

Cuando los equipos se reúnen, las primeras preguntas que se deben formular son: «¿Qué resultados se esperan de nosotros? ¿Qué intentamos hacer? ¿Cómo lo haremos?»

Lo segundo que debe resolverse es los estándares de desempeño. ¿Cómo se medirá el progreso del equipo y cómo sabrán que cumplieron la tarea de la manera adecuada?

No se puede dar en un blanco que no se ve. Cuando no se tienen en claro los resultados o no se sabe cómo se medirán, por lo general la tarea no se lleva a cabo y, cuando sí se realiza, suelen producirse demoras, problemas y defectos innecesarios.

2. Valores compartidos

Al parecer, la segunda cualidad de los mejores equipos son los valores, las creencias y los principios compartidos.

Antes de comenzar la tarea del equipo, los integrantes se reúnen y se preguntan: ¿Qué representamos? ¿Qué creemos? ¿Cuáles son los principios que tenemos en común? ¿Cómo y sobre qué base comandaremos nuestra relación? ¿Creemos en la importancia de la integridad, en la importancia de ser honestos y francos con el otro en todo momento? ¿Estamos de acuerdo en que, aunque no estemos de acuerdo, seremos respetuosos con el otro? ¿Diremos siempre la verdad? ¿Aceptaremos la responsabilidad y nos rehusaremos a excusarnos cuando algo salga mal?

Para sentirnos bien con nosotros mismos y respecto del trabajo que hacemos y así tener el mayor rendimiento posible, es fundamental vivir en armonía con nuestros valores y convicciones más íntimos. Se dice que todos los problemas de la humanidad pueden resolverse mediante un retorno a los valores. ¿Cuáles son los tuyos?

3. Planes en común

La tercera cualidad de los equipos de trabajo de alto rendimiento son los planes compartidos. Todos analizan y acuerdan cuál es la meta y cómo la alcanzarán.

Sócrates dijo: «Solo podemos aprender mediante el diálogo».

Una vez que tienes en claro las metas y los estándares, es necesario establecer las fechas límite final e intermedias para cada tarea. Todos deben saber exactamente qué se espera que hagan, de acuerdo con qué estándar, y para cuándo.

Lo mejor de las discusiones grupales es que, al final, la responsabilidad individual es muy clara. Cada uno sabe exactamente qué debe hacer y también qué deben hacer los demás.

Uno de los mayores motivadores para lograr un trabajo excelente y a tiempo es la *presión de los pares*. Cuando todos saben qué deben hacer los demás, se genera una enorme presión tácita por no desempeñarse mal y fracasar en la obtención de los resultados; después de todo, todos nos observan y evalúan.

Compartir la responsabilidad por un resultado deseado lleva a un sentido de compromiso y empoderamiento mutuo. Esto les da a las personas una sensación de autonomía y dependencia al mismo tiempo. Hace que todos se sientan orgullosos de sí mismos y de su desempeño personal y que estén contentos por formar parte de un equipo más grande.

4. Liderazgo claro

La cuarta cualidad de los equipos de alto rendimiento es que el líder del equipo es visible; es quien dirige la acción y quien está al frente.

El líder del equipo se mantiene involucrado con todas las personas y todas las tareas, y ofrece aliento y comentarios de manera continua.

Los líderes de los mejores equipos dirigen mediante el ejemplo, son quienes establecen el estándar. Se ven a sí mismos como modelos para los demás y siempre se comportan como si alguien los estuviera viendo, aun cuando nadie lo haga.

Los mejores líderes de equipos se hacen responsables de todos los integrantes. Les brindan apoyo cuando surgen dificultades o malos entendidos internos y los defienden cuando otras personas los critican o atacan. Son leales a los miembros de su equipo, y estos son muy conscientes de ello.

Un buen líder de equipo opera como un bloqueador en los deportes, siempre en busca de maneras de eliminar los obstáculos al desempeño individual de los integrantes del equipo. El líder lidia con las interferencias y consigue el tiempo, el dinero y los recursos que los miembros del equipo necesitan para cumplir con su tarea.

Los buenos líderes de equipos se ven a sí mismos como colaboradores y orientadores del trabajo y las actividades del equipo.

5. Evaluación y valoración continuas

La quinta cualidad de los equipos de alto rendimiento son la evaluación y la valoración continuas del desempeño. En la mayor parte de las actividades y los proyectos laborales surgen problemas y reveses inesperados, una y otra vez. Los errores son más comunes que los éxitos. En este sentido, la mejor regla que se puede adoptar es que el fracaso no es más que otra forma de crítica.

Los buenos equipos piden continuamente comentarios y críticas a sus clientes; es decir, a los usuarios finales de su trabajo. En los negocios, todos tenemos varios clientes. Tu jefe es un cliente y desempeña un papel muy importante en el éxito que puedas lograr. Tus pares o colegas, que además dependen de ti para hacer su trabajo, también son tus clientes. Debes tener en claro qué quieren y qué esperan de ti todas estas personas.

Como líder, el personal que tienes a cargo también es tu cliente. Si no cuidas bien de ellos, no podrás satisfacer a ninguno de los clientes que tienes a ambos lados del mostrador ni al que tienes por encima; es decir, tu jefe.

Por último, debes ser especialmente receptivo a los clientes en el mercado, a las personas que deciden comprar o no comprar tu producto o servicio. Los buenos equipos les preguntan una y otra vez a sus clientes qué les parece su desempeño actual y qué podrían mejorar en el futuro.

Los mejores equipos también utilizan los comentarios negativos para mejorar su desempeño. Si un cliente se queja, le preguntan qué podrían hacer mejor en el futuro para darle mayor satisfacción.

Los mejores equipos incorporan estos comentarios negativos, así como las quejas, las deficiencias de los productos y servicios y las comparaciones negativas con la competencia a su estructura mental y buscan maneras de resolverlas en el nivel del diseño o de la entrega de los productos. Su lema es: «Las quejas son buenas».

Las cuatro etapas del desempeño grupal

En la dinámica de grupos, existen cuatro etapas de desarrollo: formación, turbulencia, normatividad y ejecución.

Primero, el equipo se *forma*. Los miembros se integran y todos están contentos y ansiosos por el trabajo que harán en equipo. La moral está elevada, al igual que las expectativas de alto rendimiento. Sin embargo, no es mucho lo que se hace en esta etapa.

Luego, el factor realidad se hace presente. Surgen áreas de desacuerdo. Las personas toman partido. Se involucran los egos. A medida que el equipo comienza a discutir y debatir acerca de las metas y de las formas de alcanzarlas, ingresa en la fase de *turbulencia*. El rendimiento cae en picada, y no se hace absolutamente nada.

A medida que se conocen unos a otros y conversan acerca de las metas y de lo que puede hacer cada integrante para lograrlas, el equipo sale de esta fase. Cada uno de los miembros se siente cómodo con su función, y el equipo entra en la fase *normativa*. El rendimiento comienza a aumentar a medida que el equipo empieza a trabajar de manera más fluida.

Por último, el equipo comienza a trabajar con mayor cohesión y fluidez y entra en la etapa de *ejecución*. En ella, el equipo comienza a lograr resultados reales.

La clave de los equipos de trabajo de alto rendimiento es la armonía. En una familia, esta es la clave de las relaciones felices. En el trabajo, sucede lo mismo.

Cómo gestionar un equipo

Los mejores equipos y los buenos líderes ponen en práctica algo denominado *gestión por excepción*. Esto significa que, una vez que se asigna una tarea, no es necesario informar sobre ella en tanto su ejecución se mantenga de acuerdo a la programación y al presupuesto. Solo es necesario reportarse si se produce una excepción al plan y a la programación acordada. Cuanto mejores y más competentes sean las personas que tienes a cargo, más podrás aplicar la gestión por excepción con ellas.

También puedes poner en práctica la *gestión por responsabilidad*. Dales a las personas la total responsabilidad por el cumplimiento exitoso de una tarea específica y luego quítate de su camino y déjalas trabajar. Resulta sorprendente lo que las personas pueden lograr cuando se sienten personalmente responsables y sienten que no hay excusas en las que se puedan escudar.

Resuelve los conflictos entre los miembros del equipo

Cuando se produce un conflicto entre los miembros de un equipo, el líder se reúne con ellos y los fuerza a que lo resuelvan cara a cara. No se hace mención a problemas pasados ni hay motivos ocultos. En estas situaciones, se alienta a todos a que sean francos y honestos sobre sus sentimientos y frustraciones.

Rara vez es posible trabajar con otras personas en un entorno cerrado sin fricciones y desacuerdos. Lo único que importa es la eficacia con la que se manejan esos choques de manera que puedan resolverse y que todos puedan continuar con su trabajo. Esto es responsabilidad del líder.

En algún momento, las personas cometen errores, desilusionan y no logran alcanzar los resultados esperados a tiempo. Con frecuencia, los empleados hacen un trabajo por debajo de los estándares de calidad. Según Peter Drucker: «Lo único que siempre abundará son las personas comunes. Por ello, todo el trabajo debe diseñarse de manera que las personas comunes puedan llevarlo a cabo con un nivel de calidad aceptable».

Las cualidades de los mejores equipos deportivos

Con el correr de los años, se ha estudiado a muchos de los equipos deportivos de más éxito a fin de conocer cuáles son las características y las cualidades que les permiten prevalecer en categorías muy competitivas frente a contrincantes decididos y aguerridos. Muchos de los principios que ponen en práctica los equipos deportivos ganadores pueden aplicarse a la construcción de equipos comerciales exitosos. La sinergia, el trabajo en equipo y el empoderamiento personal son las claves de los equipos de trabajo de alto rendimiento. Las mejores organizaciones son aquellas en las que las personas se sienten excepcionalmente bien consigo mismas. A continuación, se presentan algunas características de los mejores equipos de trabajo.

Liderazgo y dirección claros

La primera característica de los equipos deportivos ganadores que se ve a simple vista es un liderazgo y una dirección claros. Todos saben que es alguien específico el que arma las jugadas. En el trabajo, todos tienen un único jefe, y todos saben quién es.

En los equipos ganadores, el entrenador —el líder— establece estándares de rendimiento altos para el equipo. El equipo no puede desempeñarse a estándares más elevados de los que el líder establece e impone.

Los equipos ganadores, sobre todo los de las mejores empresas, esperan ganar, destacarse y hacer un buen trabajo. Se enorgullecen muchísimo de la calidad de su trabajo y se esfuerzan continuamente por mejorar.

El factor alta consideración

Una parte clave del liderazgo y la dirección claros, tanto en los negocios como en los deportes, es el factor *alta consideración*. El líder les pregunta continuamente a las personas que tiene a cargo cómo se sienten y qué piensan, tanto en el ámbito laboral como en sus vidas personales. La sensación de que «mi jefe se interesa por mí» motiva a las personas a dar lo mejor de sí.

En los mejores equipos hay un foco intenso en la capacitación y el desarrollo de sus integrantes. En una ocasión, le preguntaron al experto en control de calidad W. Edwards Deming si la capacitación era obligatoria. Su respuesta fue: «En el ámbito de los negocios, la capacitación no es obligatoria, pero tampoco lo es la supervivencia».

De acuerdo con la American Society for Training and Development (Sociedad Estadounidense de Capacitación y Desarrollo), las empresas que corresponden al veinte por ciento con mayor rentabilidad en Estados Unidos gastan al menos el tres por ciento de sus ingresos brutos en capacitación —y no recortan este gasto cuando la economía se pone difícil. Para estas empresas, la capacitación es tan necesaria como la publicidad, la promoción o cualquier otra clase de actividad comercial clave. La capacitación y el desarrollo les muestran a las personas que el líder realmente quiere que tengan éxito y que todo lo que dicen acerca de interesarse por sus empleados no es pura palabrería.

Saca a relucir los puntos fuertes de las personas

Los mejores equipos se centran en sacar a relucir las fortalezas de cada uno de sus integrantes. Tal como dijo Drucker: «El propósito de una organización es maximizar los puntos fuertes y hacer que los puntos débiles se vuelvan irrelevantes».

Los mejores equipos y organizaciones se concentran una y otra vez en los puntos básicos. El vicepresidente de un banco grande me comentó hace poco tiempo: «No hacemos un millón de transacciones por día; hacemos una transacción, una y otra vez, un millón de veces».

Los mejores equipos desarrollan el talento que ya poseen en lugar de quejarse de sus miembros. Los gerentes débiles siempre dicen: «¡Si tan solo tuviera mejores personas a cargo!»

El trabajo del líder y del equipo consiste en obtener un desempeño extraordinario de las personas comunes porque, por lo general, es probable que no se disponga de otra cosa con la que trabajar.

Planificación y estrategia

Los mejores equipos deportivos hacen mucho hincapié en la planificación y la estrategia.

Invierten mucho tiempo, análisis y discusión en lo que hacen y en cómo planean llevarlo a cabo. Analizan continuamente su propio desempeño y lo comparan con el de la competencia.

Al igual que los equipos ganadores, los mejores líderes tienen planes, metas y objetivos claros para cada partido. De acuerdo con el principio de manejo del tiempo que mencioné antes, cada minuto de planificación ahorra diez minutos de ejecución.

Asignaciones selectivas

Los mejores equipos implementan asignaciones selectivas por jugador. Asignan las posiciones de acuerdo con la contribución potencial que el jugador puede hacer al desempeño general del equipo. Cuando alguno no tiene un buen rendimiento en su posición, lo rotan. De acuerdo con una de las reglas de la gestión: «Un punto débil suele ser un punto fuerte mal aplicado».

En su éxito de ventas *What Got You Here Won't Get You There* (Lo que te trajo aquí no te llevará allá), Marshall Goldsmith señala que muchos ejecutivos llegan a puestos altos con comportamientos que no son adecuados a las mayores responsabilidades que tienen en ellos. Para ser eficientes en esos nuevos puestos, por lo general necesitan ajustar ciertos elementos de su personalidad y adaptarse a los requisitos de la nueva situación.

Interacción con apoyo y comunicación abierta

Un aspecto clave de la gestión de excelencia en los equipos deportivos es el aliento de una interacción donde se brinda apoyo y donde hay una comunicación abierta. Los mejores equipos practican un alto nivel de intercambio. Se dan numerosas conversaciones y críticas sobre el desempeño y se producen discusiones abiertas y desacuerdos.

En las buenas empresas, los conflictos se resuelven mediante la confrontación y la apertura. Todos saben lo que piensan los demás, porque todos son francos respecto de sus pensamientos, sentimientos e inquietudes. Incluso en áreas de desacuerdo, hay respeto por el desempeño de los demás y por su contribución al equipo o la empresa en su conjunto.

Por último, los mejores equipos, ya sean del ámbito comercial o deportivo, se comprometen con alcanzar la excelencia. Hacen un buen trabajo, ganan partidos y están personalmente orgullosos del papel que desempeñan en la organización.

Todas las personas están comprometidas con el éxito y la rentabilidad. Están comprometidas con hacer su trabajo bien y cada vez mejor. Creen en la mejora continua y permanente.

Tu capacidad para seleccionar a las personas adecuadas y luego organizarlas en equipos de alto rendimiento con excelentes resultados es el verdadero signo de un gran liderazgo.

CAPÍTULO SIETE

Resolución de problemas y toma de decisiones

> «Las personas que tienen metas logran el éxito
> porque saben adónde van».
> —EARL NIGHTINGALE

La totalidad de tu éxito como persona y como líder está determinado por tu capacidad para resolver problemas bien y de manera efectiva. No importa el título que figure en tu tarjeta de presentación, tu verdadero trabajo consiste en resolver problemas. Todos los días, en cualquier situación, no haces otra cosa que resolver problemas.

Los líderes no reaccionan a los problemas con enfado o frustración, sino que los ven como el área fundamental de habilidad de su trabajo. Como líder, tu trabajo consiste en volverte extremadamente eficaz en lo que respecta a resolver cualquier problema que se te presente, ya sea grande o pequeño.

Por fortuna, en la actualidad sabemos mucho más que en el pasado acerca de cómo resolver problemas de manera eficaz. Al poner en práctica los enfoques, las habilidades y las técnicas utilizadas por otros líderes de éxito, puedes incrementar drásticamente tu capacidad para resolver casi cualquier problema que llegue a tu escritorio.

No olvides que eres un trabajador del conocimiento: trabajas con la mente. Tu productividad solo puede medirse de acuerdo con tus resultados, con lo que logres. Lo que se interpone entre tú y esos resultados siempre es un problema o un obstáculo de alguna clase.

Las tres cualidades de la genialidad

Para mejorar tu capacidad para resolver problemas, puedes desarrollar internamente estas tres cualidades de la genialidad, identificadas a lo largo de los años.

1. La primera de estas cualidades, cualquiera sea tu coeficiente intelectual, es la capacidad para concentrarse en un único punto —en una sola meta, en un único problema o en una sola cuestión— sin aburrirte o cansarte.

2. La segunda cualidad de la genialidad es la flexibilidad mental. Los genios se niegan a sacar conclusiones apresuradamente. En cambio, dedican mucho tiempo a considerar todas las maneras posibles de abordar o resolver un problema o de responder una pregunta.

3. La tercera cualidad de los genios es que utilizan un método sistemático para resolver cualquier problema. Como si utilizaras una fórmula matemática, al abordar un problema sistemáticamente y seguir una serie de pasos comprobados para recorrerlo de principio a fin, se incrementa en gran medida la capacidad para funcionar en niveles mentales más elevados. En poco tiempo, te sorprenderás de la cantidad de ideas que se te ocurren —y de su calidad.

De hecho, eres un potencial genio y puedes incrementar drásticamente tu creatividad innata si aplicas estos métodos y técnicas de manera regular a los problemas y a las metas, ya sean grandes o pequeños. Cuanto más uses estos métodos y técnicas, más aumentarán tu inteligencia y tu eficacia para resolver problemas.

¿Estás seguro de que hay un problema?

Cuando resuelves un problema, debes asegurarte de evitar las *suposiciones obstáculo*. Estas suposiciones pueden no ser ciertas e interfieren con tu capacidad para pensar con claridad.

La primera suposición obstáculo es que hay un problema. A veces, no hay un problema, solo hechos —como la lluvia o el clima. Imagina que hay una baja en el mercado o que las tasas de interés aumentaron: estos son hechos, no problemas.

La segunda suposición obstáculo es que eres la persona que debe resolver el problema. Es posible que el problema pertenezca a la jurisdicción de otra persona y no a la tuya.

La tercera de estas suposiciones es que nunca nadie resolvió este mismo problema en otra parte. Pregúntate: «¿Quién pudo haber tenido y resuelto este problema?»

La cuarta suposición es que tienes una fecha límite para resolver el problema. A veces, nos imponemos una presión innecesaria. La resolución de algunos problemas puede posponerse o diferirse por días, semanas y hasta meses.

La quinta suposición obstáculo es que debes resolver todo el problema con una única solución. Por lo general, hay muchas maneras diferentes de resolver un problema, entre las que se encuentra no hacer absolutamente nada.

Método sistemático de resolución de problemas

Existe un método sistemático de resolución de problemas que utilizan los ejecutivos más eficientes de prácticamente todas las organizaciones. Es fácil de aprender y aplicar, y ayuda de manera muy eficaz a superar obstáculos y lograr metas.

Primero: Define el problema o la meta muy claramente por escrito. Recuerda que una meta sin lograr no es más que un problema sin resolver. Cuanto más claramente definas el problema o la meta, más posible te será encontrar la respuesta o solución.

Segundo: Una vez que hayas definido el problema de manera clara, pregúntate: «¿Hay algún otro problema?» Nunca te quedes satisfecho con una sola definición del problema. En palabras de Jack Welch: «Expande continuamente tu definición del problema y expandirás tu visión de todas las distintas formas en que puede resolverse».

Tercero: Reformula el problema para que sea más fácil de resolver. Si te conformas con una definición rápida del problema, esta puede llevarte por el camino incorrecto, lo que puede hacerte resolver otro problema y gastar recursos sin sentido.

Por ejemplo, el mayor problema que suelen tener las empresas es un bajo nivel de ventas, lo que se traduce en bajos ingresos y un menor flujo de efectivo. Ante la pregunta de «¿qué sucede?», los clientes nos dicen: «Tenemos muy pocas ventas».

Luego los alentamos a que amplíen su definición del problema al preguntarles: «¿Qué otro problema hay?» Las respuestas a las que llegamos cambian completamente la naturaleza de la solución y del curso de acción propuesto.

¿Qué otro problema hay? «Las ventas de la competencia son muy altas».

Si esto es lo que sucede realmente, la solución requiere cambios en los sectores de mercadotecnia, ventas, calidad del producto y posicionamiento, entre muchas otras cosas.

¿Qué otro problema hay? «La publicidad que hacemos no atrae suficientes clientes potenciales».

Si este es el problema real, lo que se necesita son nuevas estrategias de mercadotecnia, publicidad y relaciones públicas, nuevas opciones de medios y redacción publicitaria, y nuevos materiales de publicidad.

¿Qué otro problema hay? «No logramos cerrar suficientes ventas con los clientes que atraemos mediante la publicidad».

Si esta es la respuesta, la solución es capacitar una y otra vez a la fuerza de ventas para que aumente su competencia para transformar a los clientes potenciales en reales.

Este ejercicio puede ser interminable, pero tiene una importancia básica. Si te conformas con una definición incorrecta del problema, intentarás resolverlo por un camino equivocado y, llegado el caso, tendrás que volver sobre tus pasos y comenzar otra vez.

Cuarto: Determina todas las causas posibles del problema. Formula preguntas brutales y prepárate para aceptar lo peor. Quita a tu ego del camino.

Muchas empresas tienen que admitir que la «verdadera» causa de sus problemas es que sus productos y servicios no son tan buenos en comparación con los de la competencia. Tal vez tengan que admitir que no existe un mercado para lo que venden, o que lo que hay en el mercado es superior a lo que ellos ofrecen, o más económico. Quizá hasta tengan que aceptar que su decisión de entrar a ese mercado fue un error.

Quinto: Determina todas las soluciones posibles al problema; luego, oblígate a pensar: «¿Qué otra solución hay?»

Tal como afirma el autor de obras sobre negocios Ian Mitroff: «Ten cuidado con los problemas que solo tienen una solución».

La creatividad, las lluvias de ideas y la flexibilidad —es decir, la predisposición a analizar todas las opciones— son clave para descubrir todas las soluciones posibles. En las secciones siguientes de este capítulo, exploraré en profundidad las diferentes maneras en que se pueden buscar soluciones de manera creativa.

Sexto: Una vez que hayas hecho un análisis completo y exhaustivo del problema y hayas establecido todas las causas y las soluciones posibles, toma una decisión. Por lo general, cualquier decisión es mejor que ninguna.

Séptimo: Una vez que hayas tomado una decisión, asigna responsabilidades. ¿Quién va a llevar a cabo qué parte de la decisión?

Octavo: Establece una fecha límite y un cronograma de informes de progreso.

Noveno: Implementa el plan. «Una solución débil llevada a cado de manera enérgica suele ser mejor que una excelente solución aplicada débilmente».

Décimo: Más adelante, revisa si la solución tuvo éxito. ¿Lograste el resultado esperado? Debes estar preparado para implementar el plan B si la primera solución no funciona. Siempre es necesario tener un plan de respaldo.

Pensamiento creativo

Para lograr el éxito, los líderes deben tener un pensamiento creativo. La creatividad ayuda a encontrar soluciones para el flujo continuo de problemas que enfrentamos día a día.

He aquí tres importantes disparadores de la creatividad:

1. Metas deseadas con intensidad
Cuando deseas algo demasiado y estás decidido a obtenerlo, gozas de un flujo continuo de ideas y hallazgos que te ayudan a avanzar en dirección al cumplimiento de esa meta.

2. Problemas acuciantes
Cuando puedes definir claramente los principales problemas que obstruyen la consecución de tus metas más importantes, encuentras soluciones y respuestas que pueden sorprenderte a ti y a los demás.

3. Preguntas enfocadas
Los mejores líderes hacen preguntas de manera continua para provocar el pensamiento y la reflexión, y con frecuencia estimulan respuestas e ideas que, sin estas preguntas, habrían quedado latentes.

Resolución de problemas mediante el método de las veinte ideas

La *lluvia mental* es uno de los métodos de resolución de problemas más potentes y creativos que se hayan desarrollado. También se lo denomina «método de las veinte ideas».

Comienza por definir la meta o el problema en forma de pregunta. Escribe la pregunta como encabezado de una página en blanco. Por ejemplo: «¿Cómo incrementamos las ventas en un veinte por ciento en los próximos doce meses?»

A continuación, oblígate a escribir veinte respuestas a esa pregunta. Si lo deseas pueden ser más de veinte, pero no debes dejar de trabajar en el problema hasta que tengas al menos esa cantidad de respuestas.

Cuando tengas las veinte alternativas, selecciona al menos una respuesta de la lista y ponla en marcha inmediatamente.

Si haces este ejercicio de manera regular con cada meta o problema que encuentres, te asombrarás de la cantidad de respuestas que producirá tu bolígrafo —y de la calidad de estas. El método de las veinte ideas es una de las formas más poderosas de encontrar soluciones creativas para los problemas.

Dirige sesiones de lluvias de ideas

Otra forma de estimular la creatividad es mediante las lluvias de ideas. Para este proceso creativo es necesario trabajar en grupo. La cantidad ideal de personas en una sesión de lluvia de ideas va entre cuatro y siete. Menos que cuatro personas resulta en una sesión menos enérgica, y más de siete personas lleva a la inefectividad.

La duración ideal de una sesión de lluvia de ideas varía entre quince y cuarenta y cinco minutos. Cuando lleves a cabo una sesión de lluvia de ideas, usa un cronómetro y comienza y termina la sesión en hora. La presión temporal hace que manen ideas de los presentes.

Comienza por definir el problema o la meta de forma clara, de una manera que exija respuestas prácticas. En lugar de preguntar: «¿Cómo podemos recortar costos?», pregunta: «¿Cómo podemos reducir el dieciocho por ciento de los costos en esta área específica en los próximos treinta días?»

Ocúpate de que el proceso de la lluvia de ideas sea *divertido*. Conviértelo en un juego, en una carrera contrarreloj. Diles a los participantes que la meta es conseguir la mayor cantidad de ideas posibles en el tiempo asignado.

La clave de las lluvias de ideas es garantizar que las ideas no se juzguen ni evalúen. No permitas que nadie haga comentarios sobre las ideas a medida que surjan ni que se burlen de las que puedan parecer tontas. Como líder de la sesión, asegúrate de que nada se considere extralimitado ni se descarte de inmediato.

Cuando dirijo lluvias de ideas o sesiones de planificación estratégica con mis clientes, suelo llevar un billete de cien dólares y lo muestro antes de comenzar. Luego, digo: «Este billete es para la primera persona que haga una pregunta o una sugerencia tonta. Les aseguro una cosa: ninguno de los presentes se llevará este dinero a casa».

Por lo general, todos ríen, y luego las ideas comienzan a fluir como un río. Con frecuencia, al combinar una idea que parecía ridícula o tonta con otra que parece no tener potencial se crea una tercera idea que constituye la revelación que lleva a solucionar el problema.

Hace poco, en una lluvia de ideas en una sala llena de profesionales, le pedí a los grupos de cinco o seis personas que había por mesa que hicieran lluvias de ideas sobre un problema en particular. A los quince minutos, les indiqué que llevaran las soluciones que habían escrito a otra de las mesas y las intercambiaran con las de ellos. En los siguientes cuarenta y cinco minutos, cada grupo evaluó y analizó las ideas generadas por el otro.

Gracias a esta dinámica, no había egos involucrados y muchas de las soluciones propuestas fueron sorprendentes.

Completa la frase

Otro ejercicio creativo que puedes utilizar para estimular la creatividad en ti mismo y en las personas que tienes a cargo es el de completar la frase.

Este método es fácil de utilizar y consiste en encontrar tantas maneras como sea posible de terminar una oración en particular. Por ejemplo:

1. «Podríamos duplicar las ventas si…». Piensa en tantas formas de completar la frase como puedas.

2. «Podríamos recortar un treinta por ciento de los costos en esta área si…» Completa la oración con cada idea que se te ocurra para lograr esta meta.

3. «Podríamos vender más productos y servicios si nuestros clientes no dijeran…» Identifica todas las objeciones que un cliente potencial puede presentar para *no* comprar tu producto o servicio, y piensa en maneras de superar esas objeciones.

4. «Podríamos ser los mejores del negocio si…» ¿Qué medidas específicas podrías tomar a partir de hoy para mejorar la calidad de los productos y servicios?

Practica el pensamiento base cero

Una de las mejores herramientas para estimular la creatividad es el pensamiento base cero, que analizamos en capítulos anteriores del libro. El pensamiento base cero libera la mente de las limitaciones conscientes e inconscientes.

Cuanto te preguntas: «Sabiendo lo que sé, ¿hay algo en lo que *no* me volvería a meter hoy si tuviera que comenzar de nuevo?», la mente se libera y puede observar lo que estás haciendo de manera más calma y objetiva.

La clave del pensamiento base cero es la práctica del *abandono creativo*. ¿Qué deberías interrumpir, reducir o eliminar por completo?

La creatividad en pequeños pasos

Existe una relación directa entre la cantidad de ideas nuevas que surgen en una lluvia de ideas y la calidad de las ideas que finalmente se aceptan. Una nueva idea o reflexión puede transformar una situación e incluso cambiar el curso de tu vida profesional.

La mejor definición de creatividad es «simple mejora». De hecho, cada vez que encuentras una manera de llevar a cabo una tarea o de lograr resultados mejores, más rápida, más económica o más simplemente que antes, utilizas un alto nivel de creatividad.

Todos pueden ver oportunidades para mejorar en su campo visual. Como dijo Theodore Roosevelt: «Haz lo que puedas con lo que tengas, donde te encuentres». En los negocios, esa es la zona donde encontrarás la mayor cantidad de oportunidades para mejorar.

¿De qué maneras podrías mejorar la forma en la que haces tu trabajo en este momento? ¿Podrías alcanzar las metas de mejor manera y más rápida, económica y fácilmente si modificaras tus métodos de trabajo?

Los japoneses desarrollaron el famoso principio Kaizen después de la Segunda Guerra Mundial y lo utilizaron para lograr algunos de los niveles de calidad, eficiencia y rentabilidad más altos del mundo.

Kaizen significa «mejora continua» y se basa en la ley de la mejora incremental. Esta ley requiere la búsqueda continua de pequeñas maneras de mejorar la calidad de los productos y servicios en el tiempo. El efecto acumulativo de cientos e incluso miles de mejoras diminutas lleva a la producción de productos y servicios de primera clase.

Todos los días, debes buscar maneras de incrementar los ingresos, mejorar las operaciones, reducir los costos y aumentar la rentabilidad. En ocasiones, una sola idea puede salvar un negocio o transformarlo en un líder mundial en efectividad de costos y rentabilidad.

Es posible que estés equivocado

Al desarrollar las capacidades de pensamiento creativo, una de las cosas más importantes que se pueden hacer es poner a prueba las propias suposiciones. Tal como analicé en el capítulo 3, tus suposiciones podrían estar equivocadas. «En la raíz de cada fracaso hay suposiciones erradas».

Todas las personas parten de ciertas premisas básicas. La mayor parte de nuestros pensamientos, sentimientos y decisiones surgen de una idea fija de cómo creemos que es el mundo y de cómo creemos que *deberían* ser las cosas. Sin embargo, con frecuencia estas premisas básicas están equivocadas. Incluso pueden ser el resultado de haber tomado como cierta información errónea y de adoptarla sin cuestionamientos. Esto puede ser muy peligroso para el buen razonamiento.

Al poner a prueba nuestras suposiciones, debemos estar dispuestos a admitir que podríamos estar equivocados. Cuando las personas tienen convicciones fuertes, las aliento a que introduzcan sus afirmaciones con: «Podría estar equivocado; con frecuencia lo estoy».

Cuando estamos dispuestos a admitir que podríamos estar equivocados, nos relajamos y abrimos la mente a un rango mayor de posibilidades.

Disponte a cambiar de opinión. Es sorprendente cómo se mezcla el ego en nuestros pensamientos, sentimientos y actividades comerciales. Al tomar una postura, aun cuando queda demostrado que no es buena, no queremos cambiar de opinión por temor a que los demás nos consideren débiles.

Sin embargo, esto no podría ser menos cierto. La marca de los líderes fuertes, de los líderes valientes y de carácter, es que están dispuestos a admitir que están equivocados cuando claramente lo están. No están a la defensiva. Están dispuestos a abandonar sus viejas ideas y a aceptar ideas mejores de los demás.

Por ello, la humildad es una cualidad clave de los buenos líderes. Los líderes que creen que lo saben todo están cegados por sus egos. No pueden ver qué es lo que están haciendo mal porque creen que lo hacen todo bien.

Las personas fuertes están dispuestas a cambiar de opinión cuando reciben nueva información.

¿Cuál es el problema?

Libera tu creatividad y resuelve problemas de manera más eficaz mediante la aplicación del principio de las limitaciones a tu trabajo. Este principio te ayudará a precisar cuáles son los problemas más perjudiciales a los que te enfrentas.

Paso uno: Determina dónde te encuentras hoy, cuál es el punto de partida respecto de cualquier meta u objetivo que desees alcanzar.

Paso dos: Determina tu meta u objetivo de forma clara. Decide exactamente qué deseas lograr o dónde quieres estar en cierto momento del futuro.

Paso tres: Identifica el cuello de botella o el factor que se interpone entre tú y tu meta.

Paso cuatro: Pregúntate: «¿Qué determina la velocidad a la que avanzaré desde donde estoy ahora hasta mi meta en el futuro? ¿Qué es lo que me impide avanzar?»

170

Siempre hay un factor que, más que cualquier otra causa, nos frena o determina la velocidad a la que alcanzamos una meta. A veces, esto recibe el nombre de *cuello de botella* o *punto crítico*.

Aplica la regla del 80/20 a las limitaciones. El ochenta por ciento de las razones por las que no alcanzas la meta a la velocidad que desearías se encuentran en ti mismo o en tu negocio. Solo el veinte por ciento se encuentra afuera. Para determinar qué te impide avanzar, comienza siempre por mirar hacia dentro.

Una vez que hayas determinado el verdadero cuello de botella, concentra todas tus energías como si fueran un rayo láser en resolver ese problema o en disolver esa limitación.

Tomar la mejor decisión

Todo lo que sucede en el mundo es el resultado de, al menos, una decisión. En la práctica, el setenta por ciento de las decisiones que tomamos demuestran ser erróneas a su debido tiempo.

Esto puede deberse a que tomamos decisiones sobre la base de premisas falsas o a que la situación cambia por completo y, lo que parecía una buena decisión en su momento, resulta ser una mala decisión más adelante.

La capacidad para tomar decisiones oportunas y adecuadas en cada parte de la vida es el verdadero indicador de nuestra sabiduría y experiencia.

Las buenas decisiones llevan a la asignación correcta de recursos, personas y dinero. Tú decides a quién contratarás y ascenderás, y también a quién le asignarás una tarea nueva, y recurres a la toma de decisiones para resolver los problemas grandes y pequeños que surgen a lo largo del día.

Tu propia capacidad para resolver problemas y tomar buenas decisiones es el único límite.

Las tres etapas de la toma de decisiones en el ámbito comercial

El proceso básico de toma de decisiones en el ámbito comercial tiene tres etapas.

En primer lugar, se comienza con una discusión abierta y sin restricciones en la que se toman en cuenta todas las ideas y perspectivas.

En segundo lugar, se toma una decisión clara. Todos se ponen de acuerdo sobre qué, cuándo y cómo se hará y también sobre quién lo hará.

La tercera fase de la toma de decisiones es el apoyo total: todos acuerdan dar su completo apoyo a la decisión final.

Los cuatro tipos de decisiones

Primero, están las decisiones que es necesario tomar. Estas no se pueden posponer ni delegar en otra persona.

En segundo lugar, están las decisiones que no es necesario tomar. La regla es que, si no tienes que tomar una decisión, *no* tienes que tomarla.

En tercer lugar están las decisiones que no puedes tomar. Si la decisión es incorrecta, tendrá un costo tan alto que puede que no logres recuperarte de ella.

Por último, están las decisiones que no puedes no tomar. Se trata de decisiones que tienen un impacto negativo muy grande si son incorrectas y un enorme impacto positivo si son correctas.

Dos técnicas para tomar decisiones

Para mejorar tu capacidad para tomar decisiones, puedes utilizar dos métodos.

El método del balance. Con frecuencia, este recibe el nombre de *Método Ben Franklin*. Toma una hoja de papel y divídela al medio con una línea vertical. De un lado, escribe todas las razones a favor de la decisión. Del otro, enumera todas las razones que se oponen a ella. Este método, cuyo precursor fue Ben Franklin, lo llevó a convertirse en el primer millonario de Estados Unidos y en uno de los hombres más ricos de las colonias.

El sistema de puntos. Escribe todos los criterios que rigen la decisión y enumera todo lo que te gustaría lograr con ella —todos los factores que sean importantes para ti. Este método es especialmente útil a la hora de contratar personal.

Toma como base un total de mil puntos y distribúyelos entre los criterios de decisión que escribiste. Asígnales una mayor cantidad de puntos a algunos factores y menor cantidad a otros.

Este ejercicio ayuda a obtener claridad sobre qué factores de la decisión son más importantes. Como ninguna decisión es perfecta, tomarás la decisión que haya obtenido el puntaje más alto, de acuerdo con la manera en que hayas distribuido los puntos.

La determinación es la cualidad clave necesaria para tomar decisiones exitosas. Cualquier decisión es mejor que ninguna, sobre todo en temas que no son muy importantes.

Cuando tomes una decisión, debes estar preparado para recibir comentarios y críticas para corregirte. Es posible que no siempre tomes la decisión correcta, pero puedes tener la determinación de tomar las decisiones *correctamente*.

Discusión y compromiso

Al tomar decisiones, existe una relación directa entre la cantidad de discusión que precede a la decisión y el nivel de compromiso entre los participantes del debate.

En el ámbito de los negocios, es importante intercambiar ideas. Algunas personas necesitan conversar sobre un problema o situación para poder comprenderlo.

El informe del desastre

Analiza las posibles consecuencias adversas de una decisión antes de tomarla.

1. Pregúntate: «¿Cuál es el peor resultado posible de esta decisión?»

2. Luego, completa el «informe del desastre» antes de tomar la decisión de manera definitiva.

3. ¿Podrías aceptar el peor resultado posible, en caso de que ocurriera?

4. Si no puedes aceptar ese resultado, no tomes esa decisión.

5. Si tu respuesta es: «Sí, puedo aceptar el peor resultado posible», pregúntate: «¿Qué puedo hacer para asegurarme de que no suceda lo peor?»

Establece estándares de éxito

¿Cómo determinarás que la decisión fue la correcta?

1. Establece metas y estándares claros y mensurables para todas las decisiones.

2. Supervisa, revisa y consulta regularmente para saber cómo está funcionando.

3. Prepárate para hacer cambios o modificaciones a tu decisión si recibes datos suplementarios.

4. Acepta los comentarios y las críticas, y corrige tu decisión.

5. Prepárate para recurrir al plan B si la decisión original no funciona.

Ayuda al personal a tomar decisiones

Ayuda al personal a que aumente su capacidad para resolver problemas y tomar decisiones. Delega en ellos tanto la resolución de los problemas como la toma de decisiones. Estas son las instrucciones que debes darles:

1. Antes de venir a mí con un problema, defínelo claramente por escrito.

2. Escribe todas las razones que ocasionaron el problema.

3. Identifica todas las soluciones posibles al problema y selecciona la que te parezca la mejor.

Siempre que un empleado te presente un problema, pregúntale: «*¿Qué crees que deberíamos hacer al respecto?*»

Ayudar a las personas a tomar decisiones —y permitirles que lo hagan— les aporta fortaleza, conocimientos y competencias. También te deja mucho tiempo libre, al que puedes darle un mejor uso en otras tareas.

Aprende de todas las situaciones

Aristóteles escribió: «La sabiduría es la combinación de experiencia y reflexión en partes iguales».

Después de cada experiencia, formula estas dos preguntas para asegurarte de obtener la mayor sabiduría posible a partir de ella:

1. «¿Qué hice bien?» Analiza todo lo que hiciste bien con respecto a esa decisión en particular, aun cuando haya tenido malos resultados. Busca los puntos positivos de tu proceso de toma de decisiones.

2. «¿Qué haría de otra manera?» Haz una lista de todo lo que harías para tomar una mejor decisión la próxima vez.

Lo importante de estas dos preguntas es que ambas exigen respuestas positivas. En lugar de pensar: «¿Qué hice mal?», las preguntas son: «¿Qué hice bien?» y «¿Qué haría de otra manera».

175

Esto te ayuda a tener una mentalidad positiva y a mantenerte enfocado en la solución y en el futuro.

En la práctica, los mejores gerentes son personas con determinación. Toman decisiones y las implementan. Los gerentes promedio evitan tomar decisiones; tienen demasiado miedo de cometer un error.

La clave para lograr un desempeño óptimo es desarrollar la cualidad de la determinación en conjunto con la capacidad para resolver problemas.

CAPÍTULO OCHO

Comunicaciones poderosas

> *«Los ganadores son quienes reconocen los talentos que Dios les dio, se desloman para convertirlos en habilidades y luego usan esas habilidades para lograr sus metas».*
>
> —Larry Bird

El ochenta y cinco por ciento de tu éxito como líder depende de tu capacidad para comunicarte de manera eficaz con los demás. Todo lo que puedes lograr está relacionado, de una u otra manera, con otras personas; y el ochenta y cinco por ciento de tu felicidad y éxito deriva de las personas que forman parte de tu vida.

Por ello, la calidad de tus comunicaciones determina la calidad de tu vida y de tus relaciones; de todas ellas.

La buena noticia es que la comunicación es una habilidad que puede aprenderse mediante la práctica.

He aquí las cinco metas que buscamos lograr en nuestras interacciones con los demás.

1. Queremos agradarles y que nos respeten. Esto refuerza y valida la imagen que tenemos de nosotros mismos y, a la

vez, hace que los demás quieran escucharnos y no hacernos callar.

2. Queremos que nuestros interlocutores nos reconozcan como personas valiosas e importantes, lo que refuerza nuestra autoestima y también les da a los demás una razón para escucharnos.

3. Queremos ser capaces de persuadir a los demás de que acepten nuestro punto de vista, de venderles nuestros productos, servicios e ideas.

4. Queremos que las personas cambien de opinión y colaboren con nosotros en la consecución de nuestras metas.

5. Sobre todo, queremos ser más poderosos e influyentes en todas nuestras relaciones, ya sean personales o comerciales.

Estas son las claves para lograr el éxito en el liderazgo, en la vida y en el amor.

La retórica de Aristóteles: Las tres partes de toda comunicación

De acuerdo con Aristóteles, todas las conversaciones o discursos están compuestos de tres elementos:

1. **Ethos**: el carácter de la persona que habla.

2. **Pathos**: las emociones que se suscitan en el auditorio.

3. **Logos**: las palabras que se utilizan (lo menos importante de todo).

Las comunicaciones más efectivas involucran estos tres elementos. En primer lugar, el orador goza de la credibilidad y el respeto necesarios para ser escuchado. Segundo, los métodos de comunicación toman cuidadosamente en cuenta las emociones de los oyentes. Por último, el mensaje en sí, ya sea que se presente en una conversación informal, en un discurso formal o de alguna otra manera, está bien fundamentado, estructurado y expresado.

Las cuatro claves de la persuasión

Existen cuatro cualidades clave que puedes desarrollar y utilizar para persuadir a los demás con mayor eficacia. Se denominan las *cuatro Ps.*

1. **Posicionamiento**. Este es tu nivel de credibilidad personal: qué piensan y qué dicen los demás sobre ti. Es la reputación que tienes entre las personas que pretendes persuadir.

2. **Performance**. Tu capacidad y competencia en tu campo de trabajo; consiste en tener una reputación de pericia y conocimiento.

3. **Poder personal**. Tiene que ver con el poder o el control que tienes sobre las personas, el dinero o los recursos.

4. **Política**. La amabilidad, cortesía y respeto que demuestras en tu trato con los demás.

En la cultura tradicional de «mando y control» de las organizaciones, es posible que la clave más importante de la persuasión fuera el poder personal. Cuando el jefe hablaba, todos lo escuchaban. Si bien el poder sigue siendo un factor importante que determina si los demás nos prestarán atención, ahora sabemos que ordenarle a alguien que acepte un mensaje no es un método sostenible de persuasión. Si el interlocutor no cree en lo que deseas que haga, no lo hará bien —aun cuando deba hacerlo de todas maneras porque «eres el jefe».

En cuanto a la cuarta *P*, uno de los factores más influyentes en las relaciones humanas es la simpatía. Cuanto más le agrades a los demás, más abiertos estarán a tu influencia y poder de persuasión, y esto es fundamental para lograr una comunicación eficaz.

También debes ser creíble y competente. Puede que los demás sientan simpatía por ti pero no estén seguros de que tienes la experiencia, los conocimientos o la información necesarios para sustentar lo que dices.

Lo más importante en lo que respecta a la persuasión, la influencia y la comunicación poderosa es la credibilidad. En este sentido, la pregunta clave es: «¿Cuánto le agradas a los demás y cuánto confían en ti y creen en lo que dices?»

La regla aquí es «todo cuenta». Todo contribuye o daña. Todo lo que haces o dices te aporta o resta credibilidad; nada pasa desapercibido.

Concéntrate en construir una reputación de honestidad y confiabilidad. Las personas compran y pagan más a una persona o empresa con un alto nivel de credibilidad que a quien ofrece un producto o servicio mejor y más económico pero no es confiable.

Dar la talla

Es sorprendente cuánto puede aumentar o disminuir tu credibilidad de acuerdo con la manera en la que luces. Para comunicarte de manera eficaz con los demás, debes dar la talla. El noventa y cinco por ciento de la opinión que los demás tienen de ti surge de lo que ven.

1. La primera impresión solo toma *cuatro* segundos.

2. Toma apenas treinta segundos formarse una impresión inicial de alguien.

3. Una vez que la primera impresión se solidifica, buscamos maneras de justificar y validar la impresión que nos formamos y, al mismo tiempo, rechazamos los datos que se contradicen con esa impresión.

4. Vestirse para ganar. La ropa es responsable del noventa y cinco por ciento de la primera impresión que hacemos en los demás, debido a que cubre el noventa y cinco por ciento del cuerpo.

   a) Compra y lee libros y artículos acerca de cómo vestirte de manera poderosa y persuasiva en todas las situaciones.

   b) Observa a las personas más exitosas y respetadas que conozcas y fíjate en cómo se visten.

   c) Convierte a esas personas en tus modelos a seguir y copia la forma en que se visten y se arreglan.

La preparación es la marca de los profesionales

Dar la talla te permite pasar la primera prueba de credibilidad. Sin embargo, si luces bien pero pareces poco preparado o confundido, tu nueva credibilidad desaparecerá. Prepárate minuciosamente cada vez que tengas una reunión importante, sobre todo si se trata de una reunión comercial. Haz la tarea antes de cada reunión. Recuerda:

Los demás se dan cuenta inmediatamente si estás bien preparado para una reunión. Si lo estás, tu credibilidad aumenta.

Tus interlocutores se dan cuenta en seguida si no te preparaste para la reunión. En ese caso, tu credibilidad cae.

Inteligencia emocional

En 1995, Daniel Goleman escribió el libro *La inteligencia emocional*. En esta obra, el autor afirma que el coeficiente emocional es más importante que el intelectual.

Goleman concluye que la capacidad para persuadir a otros es la expresión más alta de la inteligencia emocional y el verdadero indicador de eficacia de las personas.

La cuestión, entonces, radica en cómo explicarles nuestras ideas a los demás, cómo lograr su colaboración, y cómo desarrollar las capacidades de comunicación, influencia y persuasión.

Las personas actúan movidas por sus propias razones, no las tuyas. La motivación requiere un *motivo*. Para comunicarte y persuadir de manera eficaz, necesitas descubrir los motivos de tus interlocutores.

La clave es dejar de ver el mundo a través de tus ojos e ingresar en la mente, el corazón y las circunstancias de la otra persona. Enfócate en sus necesidades y deseos antes que en los tuyos.

Habilidades de persuasión

Solo puedes persuadir e influenciar a los demás si ellos creen que puedes hacer algo por ellos, o hacerles algo a ellos, o que puedes impedir que se haga algo contra ellos o por ellos.

Hay dos principales factores de motivación:

Deseo de ganancia: física, material, económica y emocional;

Temor a la pérdida: física, material, económica y emocional.

En cuanto al motivador del comportamiento humano, el temor a la pérdida es dos veces y media más poderoso que el deseo de ganancia. Si le ofreces a alguien un dólar, su deseo de ganancia tiene una fuerza de 1; si la amenazas con quitarle un dólar, su temor a la pérdida tiene una fuerza de 2.5. Esta es la razón por la que el temor a cualquier tipo de pérdida suele disparar emociones tan fuertes.

La percepción lo es todo. Tu capacidad para influir o persuadir a los demás para que hagan lo que quieres depende de que ellos te perciban como alguien que puede ayudarlos o perjudicarlos de alguna manera.

La mayor parte del comportamiento humano se basa en el *factor conveniencia*. La tendencia natural de la mayoría de las personas es actuar de una manera que le resulte conveniente la mayor parte del tiempo.

El factor conveniencia se define de esta manera: las personas siempre intentan obtener lo que desean de la manera más rápida y sencilla posible, sin que les interese demasiado en el momento cuáles serán las consecuencias de esa conducta en el largo plazo.

En lo que respecta a la persuasión, tu tarea consiste en hacer que tu idea o propuesta parezcan la forma más conveniente en que la otra persona puede lograr sus metas personales o comerciales.

Hazlos sentir importantes

La necesidad más importante de los seres humanos es sentirnos valiosos e importantes. Esta sensación se despierta en los demás cuando hacemos todo lo posible por aumentar su autoestima y ayudarlos a que les agrade más cómo son.

Imagina que todos en la empresa llevan alrededor del cuello, todo el día, un letrero que dice «Hazme sentir importante». En absolutamente todas tus interacciones, debes responder a esta necesidad humana básica. Siempre tienes que estar a la búsqueda de formas de hacer que los demás se sientan partes valiosas e importantes del equipo.

Practica a diario las cuatro Aes

Existen cuatro comportamientos clave que puedes poner en práctica todos los días para hacer que los demás se sientan importantes. Les llamo las cuatro Aes porque todos comienzan con esa letra.

1. Agradecimiento. Utiliza cada oportunidad para agradecerles a los demás todo lo que hacen, ya sea grande o pequeño, en el curso de sus obligaciones.

Cada vez que le dices «Gracias» a alguien, aumentas su autoestima. Tu interlocutor se siente mejor y más valioso, y está más motivado para hacer aun más de lo que le reportó ese agradecimiento. Los jefes con «actitud de gratitud» se encuentran entre los líderes más efectivos en cualquier organización.

2. Aprobación. La segunda forma de hacer que los demás se sientan valiosos es mediante la aprobación. Ante cada logro ajeno, no importa el tamaño, demuestra aprobación y ofrece halagos. Ofrece halagos por cada esfuerzo genuino, por cada buena sugerencia o idea. Sobre todo, halaga a los demás cuando hagan algo que exceda sus obligaciones. Ofrece halagos inmediatos, específicos y regulares.

Cuando ofreces halagos, quien los recibe los experimenta tanto emocional como físicamente. Su autoestima aumenta y se sienten felices. Además, aquello que mereció el halago se repite. De hecho, la definición de autoestima es «el grado en el que la persona se siente merecedora de halagos».

3. Admiración. El tercer comportamiento que contribuye a aumentar la autoestima y que puedes poner en práctica es la admiración. Tal como dijo Abraham Lincoln: «A todos nos agrada recibir cumplidos». Hazles cumplidos a los demás continuamente por sus características, como la puntualidad o la persistencia. Hazles cumplidos por sus posesiones, como su ropa, su vehículo y los accesorios que lleva. Hazles cumplidos por sus logros, tanto personales como laborales.

Cada vez que admiras algo acerca de otra persona, contribuyes a aumentar su autoestima y a hacerlas sentir más felices y más comprometidas contigo y con la empresa.

4. Atención. El cuarto comportamiento, y quizá el más importante, sea la atención. Esto significa simplemente escuchar al personal y a los miembros de tu familia cuando quieren hablar contigo. Escúchalos con paciencia y en silencio. Escucha en calma y con atención, sin interrupciones.

Es importante recordar que no tienes que tomar medidas relacionadas con las ideas que te proponen o las sugerencias que te hacen tus interlocutores. Solo tienes que escuchar atentamente, asentir, sonreír y agradecerles sus comentarios. Las personas sienten una enorme satisfacción cuando tienen la oportunidad de expresarse de manera franca ante sus jefes y ante otras personas importantes en su vida. Por supuesto, cuando escuchas con atención, a la vez piensas en lo que las personas te dicen y puede que decidas al mismo tiempo que esas ideas o sugerencias deben ponerse en marcha. Pero no hagas una mímica; las personas que verdaderamente saben escuchar oyen lo que se les está diciendo.

Los líderes escuchan, y la escucha efectiva es la clave para el liderazgo, la persuasión y la buena comunicación. Es tan poderosa que a veces recibe el nombre de *magia blanca*.

Cuatro claves para una buena escucha

1. Escucha con atención, inclínate hacia delante y no interrumpas. Cuando escuchas atentamente, aumentas la autoestima de tu interlocutor y haces que se sienta importante.

2. Haz una pausa antes de responder. Esto te reporta tres beneficios:

a) Evitas el riesgo de interrumpir si quien te habla simplemente está haciendo una pausa para ordenar sus pensamientos.

b) Hacer una pausa te permite escuchar a un nivel más profundo y entender mejor lo que tu interlocutor quiere decir realmente.

c) Tu silencio le deja en claro a la otra persona que estás analizando cuidadosamente lo que acaba de decir, y la hace sentirse más importante.

3. Haz preguntas para aclarar lo que escuchaste. Nunca supongas que sabes qué quiso decir la otra persona con lo que dijo. En cambio, pregunta:

«¿Qué quieres decir», o «Qué quieres decir, exactamente?»

«¿Qué hiciste *entonces*?»

«¿Cómo te hizo *sentir* eso?»

Regla: La persona que hace las preguntas tiene control sobre quien las contesta.

4. Haz comentarios, parafrasea en tus propias palabras. Esta es la «prueba de fuego» de la escucha.

Sé sincero

Los comunicadores son conscientes del elemento emocional involucrado en la comunicación eficaz, de la importancia de entender las motivaciones emocionales de las personas con las que se comunican. Sin embargo, es importante notar que cualquier esfuerzo que hagas por abordar cuestiones emocionales debe ser sincero. Nos damos cuenta cuando nos dicen palabras vacuas, cuando el agradecimiento, la aprobación, la admiración o la atención son completamente falsos. El pathos se relaciona con el ethos; las respuestas emocionales están relacionadas con la credibilidad. Si no crees lo que dices, no esperes que otros lo crean.

De acuerdo con Albert Mehrabian de la UCLA (Universidad de California, Los Ángeles), las conversaciones están conformadas por tres elementos.

1. Lenguaje corporal: cincuenta y cinco por ciento del mensaje.

2. Tono de la voz: treinta y ocho por ciento del mensaje.

3. Las palabras propiamente dichas: solo el siete por ciento del mensaje.

Si finges sinceridad, lo más probable es que el lenguaje corporal y el tono de voz te delaten, no importa lo que digan tus palabras.

Las palabras que usamos: Tres herramientas de la comunicación para lograr el éxito

1. El diálogo de a dos: incluye hacer preguntas, escuchar y presentar las ideas propias.

2. La presentación grupal: requiere una preparación completa y buenas habilidades para hacer presentaciones.

3. La carta o el informe escrito: en situaciones comerciales, pueden hacer la diferencia entre el éxito y el fracaso.

Hay buenas noticias. Cada una de las anteriores es una habilidad que puede aprenderse mediante la práctica y la repetición.

Cinco claves para una presentación eficaz

Existen cinco puntos fundamentales para hacer presentaciones eficaces:

1. Prepárate completamente por anticipado. El noventa por ciento de las presentaciones eficaces es la preparación.

2. Presenta tu punto de vista. Declara tu idea o tu meta de manera clara al comienzo de la presentación.

3. Menciona las razones que respaldan tu punto de vista.

4. Ofrece pruebas de esas razones.

5. Vuelve a declarar tu punto de vista una vez más y haz un llamado a la acción.

El marco tradicional del discurso

Se han escrito numerosos libros acerca de cómo dar discursos eficaces. Sin embargo, la estructura básica de los discursos consiste de un simple marco compuesto por tres puntos:

1. Decirle al auditorio qué se le dirá.

2. Pronunciar el mensaje.

3. Decirle lo que se le acaba de decir mediante un resumen de los puntos clave, y hacer un llamado a la acción.

Recuerda el principio de la conveniencia

Si deseas influenciar a las personas en el ámbito de los negocios, recuerda el principio de la conveniencia. Sobre todo en este ámbito, las personas deciden comprar o no comprar basadas en la conclusión de que lo que les ofreces es la mejor manera de obtener lo que desean en ese preciso momento, o no. He aquí algunos consejos para ayudarte a vender la conveniencia de lo que ofreces.

1. Presenta evidencia social. Menciona a otras personas que hayan comprado el producto o aceptado la idea y que

estén contentos con su decisión. Muestra cartas, listados, nombres y fotografías de clientes satisfechos.

2. Genera deseo de compra e incrementa tu capacidad de persuasión mediante un foco en los beneficios y por medio de responder la pregunta del cliente «¿Qué gano yo con esto?»

   a) Explica de qué manera esta persona estará mejor al usar el producto o servicio o al aceptar tu idea.

   b) Insinúa *escasez*. Con frecuencia, puede aumentarse el deseo de compra cuando se insinúa que la oferta es limitada o que hay pocas cantidades disponibles a ese precio.

   c) Utiliza el principio del contraste. Compara el precio del producto con un artículo similar que sea bastante más costoso. Esto pone el precio en perspectiva y, con frecuencia, hace que se concrete la venta.

3. Pídeles que compren el producto o servicio; no esperes a que ellos lo propongan.

4. Promételes una calidad superior y un excelente servicio de posventa.

Si no puedes comunicar, no puedes liderar. Si no puedes hacer que los demás te escuchen, no puedes conseguir seguidores. Toma hoy la determinación de convertirte en un experto de las comunicaciones poderosas. Lee libros al respecto, asiste a cursos sobre la comunicación efectiva y, sobre todo, ¡practica, practica y practica!

CAPÍTULO NUEVE

Cuestionario para líderes

> *«El único límite para nuestra comprensión del mañana serán las dudas del presente. Avancemos con fe poderosa y activa».*
>
> —Franklin Delano Roosevelt

Los mejores líderes son aquellos que tienen una comprensión profunda y cabal de cada faceta de su negocio y su industria. Los líderes saben todo acerca de sus empresas (sus puntos fuertes y débiles, por ejemplo), sus clientes, la competencia y el entorno comercial en el que operan.

En este capítulo se presenta un completo cuestionario para líderes que cubre todos los asuntos importantes de los ámbitos de la estrategia y la gestión que los líderes deben abordar. Es posible que algunas de estas preguntas sean familiares, y otras, no.

Todo líder debe contestar estas preguntas con seguridad, sin dudar. Si no sabes las respuestas o no estás seguro, es importante que las averigües lo antes posible. Sin las respuestas a estas preguntas —o con las respuestas incorrectas— cometerás errores de marketing, ventas y estrategia comercial que pueden ser fatales para el negocio.

Una vez que hayas respondido las preguntas, revisa tus respuestas con el equipo de líderes y otro personal del negocio que pueda confirmarte la veracidad de las respuestas. Es importante asegurarse de que todos estén de acuerdo.

A continuación de cada pregunta, encontrarás una explicación del contexto, de la razón por la que es importante para tu empresa. En algunos casos, esta explicación incluye preguntas adicionales que te ayudarán a pensar no solo en lo que es, sino también en lo que podría o debería ser.

Tal como escribió Larry Bossidy: «Solo un líder puede hacer las preguntas duras que todos deben responder y luego dirigir el proceso de debate de la información y realizar las negociaciones adecuadas. Solo un líder involucrado íntimamente con el negocio puede tener el conocimiento suficiente para tener la visión integral que permite formular esas preguntas duras e incisivas».

Estas son las preguntas que deben responder tú y el equipo que lideras.

1. ¿En qué industria te desempeñas? ¿Qué es exactamente lo que la empresa *hace* por los clientes para mejorar su vida o su trabajo?

        1. _____

        2. _____

        3. _____

Los clientes no compran productos ni servicios; compran *mejoras*. Compran lo que vendes con la expectativa de mejorar de alguna manera en el futuro. Si esta mejora esperada no es clara, no es algo anhelado, los clientes no efectúan la compra, o le compran a otro proveedor.

2. ¿Cuál es la *misión* de la empresa o entidad? La misión debe expresarse en términos de lo que la organización desea lograr, evitar o preservar en beneficio de los clientes.

    1. Lograr: _____

    2. Evitar: _____

    3. Preservar: _____

La misión es algo que puede definirse claramente y lograrse. Contiene tanto una medida como un método, y siempre se define en términos del cliente. Cuanto más simple sea, más sencillo será para las personas que tienes a cargo entenderla y apoyarla. La misión de AT&T era: «Instalar un teléfono en cada hogar y oficina de Estados Unidos».

3. ¿Cómo hablan y qué piensan los clientes sobre la empresa, y cómo la describen? ¿Qué *palabras* usan?

    1. _____

    2. _____

    3. _____

Este es el *posicionamiento* de la empresa en el corazón y la mente de los clientes actuales y potenciales. Las palabras que usan las personas cuando piensan en la empresa y en sus productos y servicios determina en gran medida si concretarán o no la compra. La elección de estas palabras no puede dejarse librada al azar. Si no estás satisfecho con tu respuesta actual a esta pregunta —es decir, con las palabras que usan hoy los clientes—, pregúntate qué palabras querrías que usaran. ¿Qué puedes hacer para generar en ellos esa nueva percepción?

4. ¿Cómo es el *cliente perfecto* de la empresa? Descríbelo demográficamente, en términos etarios, de ingresos, de nivel de educación, ocupación, ubicación y cualquier otro factor pertinente a tu industria.

1. Edad: _____

2. Ingresos:_____

3. Ocupación:_____

4. Nivel de educación:_____

5. Necesidades o problemas:_____

6. Grupo familiar: _____

7. Otros factores:_____

5. Describe al cliente perfecto en términos *psicográficos*. ¿Cómo se siente el cliente en relación con adquirir lo que vendes?

1. Deseos: _____

2. Temores: _____

3. Esperanzas: _____

4. Actitudes: _____

5. Expectativas: _____

6. Objeciones: _____

6. ¿Qué resulta *valioso* para el cliente perfecto? ¿Qué beneficios busca o espera obtener el cliente mediante adquirir lo que vendes?

1. _____

2. _____

3. _____

Los clientes solo concretan una compra cuando los beneficios o la recompensa por comprar el producto son mayores que los que recibirían al comprarle a la competencia.

7. ¿Cuáles son las *competencias centrales* de la empresa? ¿Qué habilidades o capacidades especiales tiene la empresa que le permitirán satisfacer las necesidades de los clientes?

1. _____

2. _____

3. _____

Una competencia central es aquello que haces y que les permite, a ti y a la empresa, producir y vender el producto en un mercado competitivo. Se trata de una habilidad o capacidad que ya tienes, que puedes subcontratar o que puedes desarrollar internamente.

8. ¿Qué es aquello que la empresa hace extremadamente bien? ¿En qué áreas tienes un desempeño excepcional? ¿Qué los hace *superiores* a la competencia?

1. _____

2. _____

3. _____

Para lograr el éxito en mercados difíciles, debes ser superior en, al menos, tres áreas; por ejemplo, mayor calidad, servicio al cliente más rápido o mejor, mayor facilidad de uso, u otro factor. ¿Cuáles son tus áreas de superioridad? ¿Cuáles podrían ser en el futuro?

9. ¿Quiénes son tus *competidores*? ¿Quién vende el mismo producto o servicio que tú a tus clientes potenciales?

1. _____

2. _____

3. _____

Las acciones y decisiones de los competidores determinan cuánto puedes cobrar, cuánto vendes, cuánto ganas, a qué ritmo creces y cómo será el futuro de tu empresa. Debes conocerlos y entenderlos, y saber y comprender lo que hacen, en todo momento.

10. ¿Quiénes son tus *principales* o *mayores* competidores?

1. _____

2. _____

3. _____

Si estos competidores desaparecieran del mercado, tus ventas se dispararían. ¿Qué puedes hacer para neutralizar sus puntos fuertes? ¿Cómo puedes explotar sus vulnerabilidades? ¿Qué puedes hacer para que tus productos y servicios sean tan deseables que tus competidores no puedan competir contigo?

11. ¿Quiénes son tus competidores *secundarios*? ¿Quién más ofrece una alternativa a lo que vendes?

1. _____

2. _____

3. _____

Los clientes siempre tienen tres opciones: pueden comprarte a ti, comprarle a otro, o no comprarle a nadie. ¿Qué otra cosa podría comprar el cliente con la misma cantidad de dinero que quisieras que gastara en tu empresa?

12. *¿Por qué* tus clientes le compran a la competencia? ¿Qué beneficios que no obtienen de ti les ofrecen los competidores?

   1. _____

   2. _____

   3. _____

La percepción lo es todo. ¿Qué ven los clientes en la oferta de la competencia que no perciben en la tuya? ¿En qué perciben que los competidores son mejores que tú? ¿Qué puedes hacer para contrarrestar esa percepción?

13. ¿Cuáles de tus productos y servicios generan las *mayores ganancias*? ¿Dónde obtiene la empresa el mayor rédito? ¿Qué parte del negocio genera el mayor rendimiento del esfuerzo o de la inversión?

   1. _____

   2. _____

   3. _____

14. ¿Cuál de los productos, servicios, mercados, clientes o actividades son los *menos rentables*?

1. _____

2. _____

3. _____

Así como los reptiles se deshacen de la piel cada temporada, tú debes deshacerte de los productos y servicios que parecieron una buena idea en su momento pero que ya no son tan rentables como en el pasado. Como líder, desempeñas una función clave en la identificación de los productos que la empresa debe abandonar, eliminar o quitar de su línea a fin de liberar tiempo para actividades más valiosas y rentables.

15. ¿Por qué los *clientes de la competencia* le compran a ella y no a ti?

1. _____

2. _____

3. _____

En la actualidad, para sobrevivir y prosperar, es necesario que le quites posibilidades de negocios y dinero de clientes a alguien más. Para atraer a los clientes de la competencia, primero debes entender qué los motiva. Luego, podrás dirigir a tu equipo de manera que haga ofertas tan deseables que los clientes que lo necesiten prefieran comprarte a ti y no a su proveedor actual.

16. ¿Qué *métodos de marketing* tuvieron éxito —y cuáles fueron menos exitosos— en generar y atraer clientes potenciales?

1. _____

2. _____

3. _____

Existe una relación directa entre la cantidad de clientes potenciales que la empresa puede atraer y la cantidad de ventas que concretará. Como líder, debes asegurarte de que la generación de posibles clientes sea uno de los focos centrales de todas las actividades de marketing y ventas. Comprender qué funciona y qué no también te ayudará a encaminar el esfuerzo para mejorar los métodos de marketing de la empresa a fin de generar más contactos y atraer a más clientes potenciales. El marketing es trabajo de todos: desde los más altos ejecutivos, hasta el personal de mostrador.

17. ¿Cuánto *cobras*? ¿Es razonable, competitivo y rentable ese precio en las condiciones de mercado actuales?

1. _____

2. _____

3. _____

Existen siete elementos diferentes que determinan el éxito de ventas y de marketing. Se denominan *mezcla de marketing*. Además del precio, los elementos de esta mezcla son el producto (ver pregunta 1), la promoción (ver pregunta 20), el lugar (ver pregunta 18), el posicionamiento (ver pregunta 3), el empaque (ver pregunta 19) y las personas (ver pregunta 20).

18. ¿*Dónde* vendes exactamente los productos y servicios? ¿Hay otros sitios donde podrías ofrecerlos para ponerlos a la venta?

1. _____

2. _____

3. _____

19. ¿Cómo se ve el producto o servicio? ¿Existe alguna manera en la que puedas cambiar su *empaque* a fin de que parezca más atractivo y deseable a una cantidad mayor de clientes ideales?

1. _____

2. _____

3. _____

20. ¿*Quién* lleva adelante cada parte de la estrategia de marketing y de ventas? El personal que tienes a cargo, ¿presenta la imagen ideal de la empresa y de sus productos y servicios? ¿Hay alguna persona que trabaje contigo o para ti hoy a la que, sabiendo lo que sabes, no volverías a contratar?

1. _____

2. _____

3. _____

21. ¿Cuál es el área de *especialización* de la empresa? ¿Qué es aquello que solo pueden hacer sus productos y servicios, y para quién?

1. _____

2. _____

3. _____

Una empresa puede estar especializada en tres áreas. Primero, puedes especializarte en atender a cierto tipo de cliente y ser una única fuente de suministro para ellos. En segundo lugar, puedes especializarte en una línea de productos en particular y ofrecer todo lo que los clientes puedan llegar a necesitar en esa área. Finalmente, puedes tener una especialización geográfica y ofrecer los productos y servicios en una zona determinada.

22. ¿Cuál es tu área de *diferenciación* o excelencia? ¿En qué áreas eres superior a la competencia?

1. _____

2. _____

3. _____

La esencia de toda la publicidad y las actividades de marketing es la diferenciación: señalar claramente cómo y por qué un producto o servicio es superior. Los clientes solo compran aquello que perciben como la mejor opción en el momento.

23. ¿Cuál es tu *ventaja competitiva* específica? ¿Cuáles son las cualidades de los productos, servicios o negocios que te hacen mejor que el noventa por ciento de las empresas de la industria?

1. _____

2. _____

3. _____

Una ventaja competitiva es algo que la competencia no ofrece y que los clientes consideran valioso. Es la clave del éxito de tu negocio.

¿Cuál es tu ventaja competitiva hoy? ¿Cuál será en el futuro? ¿Cuál debería ser si deseas aumentar las ventas? ¿Cuál debería ser si tu objetivo es dominar el mercado? Tal como afirmó Jack Welch: «Si no tienes una ventaja competitiva, no compitas».

24. ¿Qué *tipo de clientes* se beneficia más con los beneficios superiores que ofrece tu producto o servicio? ¿Qué tipo de clientes valora más lo que les provees mediante un servicio excelente y están dispuestos a pagar por ello?

1. _____

2. _____

3. _____

Al identificar tus áreas de especialización y diferenciación, defines claramente qué compradores son los mejores clientes potenciales —y cuáles no lo son. De esta manera, puedes repartir mejor el mercado y asignar tus escasos recursos de marketing a las formas de promoción que ofrecen mayores posibilidades de resultados.

25. ¿En qué áreas de publicidad, promoción y ventas debes *concentrar tu energía* y recursos para maximizar las ventas y las ganancias?

1. _____

2. _____

3. _____

Si comprendes qué funciona mejor en los ámbitos de publicidad, promoción y ventas, sabrás donde concentrar la energía y los recursos de marketing a fin de maximizar las ventas y las ganancias. Una de las estrategias de marketing más simples es estudiar con atención los medios publicitarios que utiliza la competencia para venderles a los mismos clientes que buscas atraer. Si un anuncio con una determinada redacción se publica de manera repetida en un medio específico, esto es un buen indicio de que esa publicidad llama la atención del público y le reporta ganancias al anunciante.

26. ¿Cuántos clientes potenciales convierte el equipo de ventas en clientes reales, y cuáles son los principales factores que contribuyen a esa *tasa de conversión* en tu empresa?

1. _____

2. _____

3. _____

La principal prioridad de las empresas es atraer clientes potenciales interesados; la segunda, convertirlos en clientes reales que te compran a ti y no a otro proveedor. Tus estrategias y técnicas de venta en este sentido pueden hacerte crecer o destruirte. Como líder, debes dirigir y promover un esfuerzo continuo para incrementar las tasas de conversión. ¿Qué puede hacer la empresa para convertir más clientes potenciales en reales? La respuesta comienza con un liderazgo que comprenda la razón por la que los clientes potenciales deciden comprar, y las razones que los disuaden de hacerlo. Además, los líderes deben ser capaces de reconocer que el mercado está en continuo cambio, lo que significa que también es posible que sea necesario adaptar las estrategias y técnicas de venta.

27. ¿Qué *clientes* ya no valen el tiempo y la energía que toma satisfacerlos?

1. _____

2. _____

3. _____

Debido al tiempo que toma atenderlos y los problemas que se presentan para cobrarles, los clientes que representan el veinte por ciento con menor volumen de compras deben desaparecer de tus listados y debe alentárseles a hacer negocios con otra empresa. La respuesta a esta pregunta te ayudará a abandonar a estos clientes, ya sea de manera terminante o poco a poco, lo que liberará tiempo y energía para desarrollar mejores clientes.

28. ¿Qué *actividades* tienen un rendimiento de la inversión de tiempo y energía bajo o nulo?

1. _____

2. _____

3. _____

Debes reestructurar tu negocio de manera continua y trasladar personal y recursos a las actividades que representan el veinte por ciento de los ingresos que se generan en el negocio. Esta pregunta te ayudará a identificar qué actividades debe abandonar la empresa —o a qué actividades debe dedicarles menos atención— a fin de generar más tiempo para las que ofrecen el mayor rendimiento posible.

29. ¿Qué representa tu *marca* en el mercado actual? ¿Por qué cualidades se le conoce en el mercado?

1. _____

2. _____

3. _____

Todas las empresas y productos tienen una imagen de marca, la que se desarrolla mediante el diseño o se crea en la mente de los clientes de manera natural. Una buena marca representa un valor que el cliente está seguro que recibirá si compra un producto de esa marca.

30. ¿Qué *debería* representar tu marca? ¿Qué palabras o descripciones te gustaría que se asociaran con la empresa en la mente de los clientes? ¿Qué tipo de reputación sería más útil generar para la empresa?

1. _____

2. _____

3. _____

La mejor definición de una buena marca es «las promesas que se hacen y las que se cumplen». ¿Qué les prometes a los clientes cuando compran tu producto? ¿Cumples esas promesas? Siempre que recibes una queja de un cliente es porque este cree que no cumpliste lo prometido.

31. ¿De qué manera afecta la *tecnología* a tu empresa? Nombra tres formas en las que la Internet esté cambiando tu manera de hacer negocios.

1. _____

2. _____

3. _____

Busca y explora continuamente nuevas tecnologías para hacer que tu empresa sea más eficaz y nuevas estrategias de Internet para expandir tus mercados.

32. ¿Qué podrías *cambiar o mejorar* acerca de los productos, los servicios o los negocios generales de la empresa para comenzar a crear una imagen de marca más favorable en la mente de los clientes?

1. _____

2. _____

3. _____

Piensa en tres cosas que podrías hacer de inmediato para hacer que tus clientes estén más contentos por hacer negocios contigo que con cualquier otro proveedor.

33. *Imagina* que, dentro de cinco años, la empresa tiene el mejor nombre y la mejor reputación de la industria. Imagina que un escritor de una revista o un periódico importantes está a punto de escribir un artículo sobre ti y sobre la empresa. ¿Qué te gustaría que dijera el artículo?

1. _____

2. _____

3. _____

34. Si tu empresa fuera ideal en todos los aspectos, ¿cómo describiría el periodista la *calidad* de los productos y servicios en comparación con los de la competencia? ¿Qué clase de reputación tendrías? ¿Qué palabras usaría el periodista?

1. _____

2. _____

3. _____

35. ¿Cómo describiría el periodista *el negocio* en el que está la empresa? ¿Cómo los describiría a ti, a los productos, a la calidad del servicio al cliente, al personal y al funcionamiento interno de la empresa?

1. _____

2. _____

3. _____

36. Si tu negocio funcionara perfectamente, ¿cuáles serían los *ingresos anuales* de la empresa? ¿Cuál sería el *nivel de rentabilidad*? ¿Qué porcentaje de las ventas y qué monto en dinero representaría este valor?

1. _____

2. _____

3. _____

37. Si la empresa fuera perfecta, ¿qué tipo de personas tendrías a cargo? ¿Qué tipo de gerentes habría? ¿Qué clase de personal y de vendedores tendría?

1. _____

2. _____

3. _____

38. Si tu futuro fuera perfecto, ¿cuál sería tu *situación personal*? ¿Cuánto dinero ganarías? ¿En qué puesto estarías? ¿Dónde estarías en términos de tu vida profesional y tu campo de acción?

1. _____

2. _____

3. _____

39. ¿Cuáles son los tres *puntos débiles* más importantes de la organización?

1. _____

2. _____

3. _____

Conviértete en tu propio consultor de gestión. Si recibieras una llamada de tu propia empresa para que informaras cuáles son las áreas de gestión más débiles, ¿cuáles serían las primeras en las que pensarías? A veces, el simple hecho de fortalecer el negocio en un área puede cambiar los resultados de la empresa de la noche a la mañana.

40. ¿Cuáles son los tres *obstáculos* principales que impiden que la empresa tenga mayores niveles de ventas y rentabilidad?

1. _____

2. _____

3. _____

Si tu meta es incrementar las ventas y la rentabilidad, ¿por qué no son más altas en el presente? ¿Qué te impide lograrlo? ¿Qué se interpone entre la empresa y ese objetivo?

41. ¿Cuáles son las tres mayores *amenazas* potenciales que enfrenta el negocio en la actualidad? ¿Cuáles son las peores cosas que podrían suceder en el corto plazo?

1. _____

2. _____

3. _____

¿Qué medidas podrías tomar para asegurarte de que eso no suceda o de poder responder de manera eficaz si no pudieras evitarlas?

42. De cara al futuro, ¿cuáles son las tres *peores cosas* que podrían suceder y perjudicar al negocio en el lapso de un año?

1. _____

2. _____

3. _____

Incluso si la posibilidad de que ocurriera algo terrible que pudiera amenazar la salud del negocio fuera de apenas el cinco por ciento, ponlo por escrito y desarrolla un plan alternativo por si ocurriera.

43. ¿Qué tres medidas podrías tomar de inmediato para *prevenir* esos posibles riesgos para la salud y la supervivencia de la empresa?

1. _____

2. _____

3. _____

Nunca confíes en la suerte ni presupongas que todo saldrá bien. La esperanza no es una estrategia.

44. ¿Cuáles son las tres áreas de *mayor oportunidad* para el futuro, de acuerdo con las tendencias del negocio?

1. _____

2. _____

3. _____

El ochenta por ciento de los productos y servicios de uso común habrán cambiado o serán otros en cinco años. Cuanto más mires hacia el futuro y pienses en las oportunidades del mañana, más oportunidades descubrirás.

45. ¿Qué tres medidas podrías tomar inmediatamente para *aprovechar* esas oportunidades?

1. _____

2. _____

3. _____

Comienza hoy mismo a asignar tiempo, dinero, personas y recursos al desarrollo de los productos y servicios del mañana.

46. ¿Qué tres *competencias centrales* o habilidades deberías comenzar a desarrollar hoy para asegurarte de estar preparado para las oportunidades del mañana?

1. _____

2. _____

3. _____

Todos los negocios se inician y se construyen alrededor de ciertas competencias centrales. Para que los productos y servicios del mañana tengan éxito, necesitas comenzar a desarrollar las nuevas competencias centrales que serán necesarias en ese momento. Dado que desarrollar estas competencias lleva tiempo, lo mejor es comenzar hoy mismo.

47. Sabiendo lo que sabes, ¿qué estás haciendo hoy en el negocio que *evitarías* hacer si tuvieras que comenzar de nuevo?

1. _____

2. _____

3. _____

Se calcula que, a su debido tiempo, el setenta por ciento de tus decisiones demostrarán haber sido incorrectas. Si llegas a la conclusión de que hay algo que no harías si tuvieras que comenzar de nuevo hoy, pon manos a la obra para reducir las pérdidas.

48. ¿Qué *cambios organizacionales* harías en el negocio en términos de personal, actividades, flujo de trabajo y gastos para mejorar la eficacia y la eficiencia?

1. _____

2. _____

3. _____

Prepárate para reorganizar la empresa continuamente cada vez que recibas nueva información o que el mercado cambie de manera repentina.

49. ¿Qué *reestructuración* harías para destinar más tiempo y recursos al veinte por ciento de las actividades que representan el ochenta por ciento de las ganancias?

1. _____

2. _____

3. _____

Cualesquiera sean los cambios que harías para asegurar la supervivencia en algún punto del futuro, debes hacerlos ahora. Enfócate en el flujo de efectivo, en la generación de ventas e ingresos y en el uso más rentable del tiempo y los recursos.

50. Imagina que tu negocio desapareciera como por arte de magia. ¿Qué productos, servicios y actividades *volverías a comenzar* de inmediato? ¿Qué clientes serían tu blanco inmediato de adquisición?

1. _____

2. _____

3. _____

51. ¿Qué productos, servicios o actividades *no volverías a comenzar hoy* si desapareciera el negocio? ¿Qué clientes no buscarías conseguir?

1. _____

2. _____

3. _____

Prepárate para reinventarte a ti mismo y al negocio cada seis meses. La regla es simple: cambia antes de que sea necesario hacerlo.

52. Analiza cada paso de tus actividades comerciales. ¿Qué *simplificarías, subcontratarías, interrumpirías o eliminarías por completo*?

1. _____

2. _____

3. _____

Busca continuamente maneras de hacer el trabajo más rápido, mejor, de manera más económica y más simple. Pregúntate siempre: «¿Por qué hacemos las cosas de esta manera?»

53. ¿Qué podrías hacer para simplificar cualquier proceso comercial mediante la *reducción* del número de pasos que lo conforman?

1. _____

2. _____

3. _____

Existe una relación directa entre la cantidad de pasos de un proceso y el potencial de errores adicionales, costos más altos y mayores retrasos. Cuando reduces deliberadamente la cantidad de pasos, aumentas la velocidad y la eficiencia y reduces el costo de la actividad.

54. ¿Qué actividades podrías *eliminar* completamente para acelerar el proceso de producción de los artículos y los servicios que ofreces?

1. _____

2. _____

3. _____

Muchas actividades se abren paso en el proceso laboral y se instalan allí, atascando los mecanismos sin una buena razón. Busca actividades que puedas eliminar sin perder eficiencia.

55. ¿Qué actividades podrías *subcontratar* con otras empresas o personas para tener más tiempo para vender y entregar más de tus productos?

1. _____

2. _____

3. _____

Todos los productos y servicios que no son fundamentales para la generación de ventas e ingresos son candidatos a la subcontratación. En prácticamente todos los casos, las empresas que se especializan en estos servicios pueden hacerlo mejor, más rápido y con un menor costo que tú internamente.

56. ¿Qué actividades podrías *descontinuar* definitivamente sin una pérdida sustancial de ventas o ingresos?

1. _____

2. _____

3. _____

Imagina que eres un experto en reestructuraciones y que te llaman para que analices cada una de las actividades de la empresa. ¿Qué actividades le dirías a la gerencia que debe descontinuar, sobre todo si estuviera en juego la supervivencia del negocio?

57. ¿Existe alguna *persona* en tu vida comercial —un cliente, empleado, socio— a quien, sabiendo lo que sabes, no contratarías o incorporarías, o con el que no te involucrarías hoy?

   1. _____

   2. _____

   3. _____

Dos terceras partes de las personas no funcionan con el tiempo; o bien hacen un trabajo mediocre o bien, un mal trabajo. Conserva únicamente a las personas a las que volverías a contratar si presentaran una solicitud de empleo hoy.

58. Si pudieras volver a comenzar de cero el negocio o tu vida profesional, ¿qué harías *de otra manera*?

   1. _____

   2. _____

   3. _____

¿Qué harías más y qué harías menos? ¿Qué comenzarías y qué dejarías de hacer definitivamente? ¿Qué consejo le darías a alguien que estuviera pensando dedicarse a tu campo?

59. ¿Cuáles de tus habilidades, capacidades y talentos son los más responsables de los *éxitos* que cosechaste hasta hoy?

1. _____

2. _____

3. _____

Todas las personas tienen capacidades especiales que las diferencian de los demás. ¿Cuáles son las tuyas? ¿Qué de lo que hiciste en el pasado te hizo merecer más halagos y te ayudó a conseguir más logros? ¿Qué es lo qué más disfrutas hacer?

60. Si pudieras ser *excelente* en cualquier ámbito, ¿qué habilidades o capacidades te serían más útiles para lograr tus metas principales?

1. _____

2. _____

3. _____

Imagina que tienes una varita mágica y que, de repente, eres extremadamente bueno en una habilidad específica. ¿Qué habilidad escogerías?

61. ¿Qué *medidas* tomarás de inmediato de acuerdo con tus respuestas a todas las preguntas anteriores?

1. _____

2. _____

3. _____

El liderazgo no tiene que ver con ocupar un puesto; tiene que ver con la acción. El propósito de toda planificación y todo análisis es la acción inmediata. La orientación a la acción es una característica distintiva de los líderes y de los mejores en todos los campos.

Tal como dijo Einstein: «Nada sucede hasta que algo se mueve». ¿Qué harás para moverte de manera diferente de aquí en adelante?

CAPÍTULO DIEZ

Simplifica
tu vida

> *«Trata a los demás como si fueran lo que debieran ser y los ayudarás a convertirse en aquello en que son capaces de ser».*
> —Johann Wolfgang von Goethe

Hoy día, todo el mundo tiene demasiado por hacer y poco tiempo para hacerlo. Nos sentimos abrumados por nuestras obligaciones, tareas y responsabilidades. Como líder, esas obligaciones, tareas y responsabilidades se multiplican. El desafío que tienes delante es simplificar tu vida de manera de dedicar más tiempo a hacer las cosas que son más importantes para ti y menos a las que no son para nada importantes. Un gran líder es una persona eficiente, positiva, que tiene el control, que está satisfecha en términos generales y que es estable. Si te sientes abrumado, posiblemente no seas ninguna de estas cosas. Simplificar tu vida no solo te convertirá en una persona más feliz, sino que también aumentará de manera significativa tu éxito como líder.

En este último capítulo, aprenderás una variedad de métodos, técnicas y estrategias que puedes utilizar para reorganizar y reestructurar tu vida, simplificar tus actividades, hacer más cosas y disfrutar de más tiempo personal y familiar que antes. Comencemos.

Determina tus verdaderos valores

El punto de partida para simplificar tu vida es que decidas exactamente qué es lo más importante para ti. ¿Cuáles son tus valores? ¿Cuáles son tus creencias centrales? ¿Qué es lo que más te importa en la vida?

La pregunta más importante que debes hacerte —y contestar— a lo largo de la vida es: «¿Qué es lo que quiero hacer realmente con mi vida?» Lo que quieras hacer con tu vida será, sin lugar a dudas, una expresión de tu *esencia irreductible*, de la persona que eres en tu interior.

Para simplificar tu vida, debes establecer la paz mental como principal meta y luego organizar tu vida alrededor de ella. Todo lo que te produzca paz, satisfacción, alegría y la sensación de ser alguien importante y valioso es lo *indicado* para ti. Todo lo que te provoque estrés, distracción, infelicidad o irritación es *inadecuado* para ti. Debes tener la valentía de organizar tu vida de manera de hacer cada vez más de las cosas que te dan más alegría y satisfacción, y cada vez menos de las cosas que te alejan de esos estados.

Decide exactamente qué deseas

En todos los estudios que alguna vez leí al respecto y en todas las entrevistas que tuve con personas infelices, descubrí que estas tienen una cosa en común: no tienen metas claras. Tienen montones de deseos y esperanzas, pero no tienen metas con las que estén comprometidos. En consecuencia, su vida da vueltas en círculos y los deja con una sensación de insatisfacción y vacío la mayor parte del tiempo.

Para comenzar a definir qué es lo que quieres, confecciona una lista con, al menos, diez metas que desees lograr en el próximo año. Una vez que hayas hecho la lista, revisa las diez metas y pregúntate: «¿Cuál de estas metas tendría el mayor impacto positivo en mi vida si la lograra en las próximas veinticuatro horas?

Selecciona tu principal propósito específico

Esta meta por lo general es la que más se destaca en la página. Se trata de aquello que tendría el mayor impacto positivo en tu vida. Cuando descubras cuál es, enciérrala en un círculo. Ahora estás listo para reorganizar tu vida y simplificar tus actividades.

La meta más importante se convierte en tu *principal propósito específico*. Ahora, haz una lista de todo lo que se te ocurre que podrías hacer para lograr esa meta. Organízala por prioridad, de acuerdo con qué es lo más importante y qué lo es menos. A continuación, implementa la medida que hayas identificado como la más importante para lograr tu meta principal.

Piensa en tu meta a lo largo del día. Cuando te levantes por la mañana, piensa en tu meta. Cuando te vayas a dormir por la noche, piensa en tu meta. Todos los días, haz algo que te acerque más al logro de la meta más importante en tu vida. Esta sencilla acción simplificará y racionalizará tu vida en formas que no imaginas.

Equilibra tu vida

La clave para lograr el equilibrio es asegurarse de que las actividades que hacemos sean coherentes con nuestros valores interiores y estén alineadas con ellos. Cuando retornamos a nuestros valores, sobreviene una sensación de felicidad, paz, alivio y alegría; asegúrate de que todo lo que hagas sea coherente con ellos.

Por otra parte, la mayor parte del estrés, la infelicidad, la negatividad y la insatisfacción provienen de intentar hacer cosas en el mundo exterior que entran en conflicto con nuestros valores interiores más importantes.

Utiliza el ejercicio 20/10. Imagina que tienes veinte millones de dólares en efectivo en el banco, libres de impuestos. Imagina que solo te quedan diez años de vida en los que podrás gastar y disfrutar este dinero. ¿Qué cambios harías en tu vida?

Una de las claves más importantes de la simplificación es imaginar que no existe ninguna clase de limitación respecto de todo lo que queremos ser, tener o hacer. Imagina que tienes todo el tiempo y el dinero que necesitas. Imagina que tienes todas las capacidades y las habilidades que necesitas. Imagina que tienes todos los amigos y conocidos. Imagina que puedes tener cualquier cosa que desees. ¿Qué sería?

Practica el pensamiento base cero

Tal como analizamos antes, para aplicar el pensamiento base cero debes dar por cerrados todos los compromisos o decisiones del pasado; luego, debes hacerte la pregunta: «Sabiendo lo que sé, hay algo de lo que hago en la actualidad que no volvería a hacer si tuviera que comenzar de nuevo?»

Esta es una pregunta muy liberadora. A su debido tiempo, el setenta por ciento de todo lo que hacemos acaba por salir mal. Para simplificar tu vida, debes estar dispuesto a admitir, de aquí en adelante, que no eres *perfecto*.

Prepárate para decir las palabras mágicas: «Me equivoqué». Como la mayoría de las veces nos equivocamos, cuando antes lo admitamos antes podremos simplificar y mejorar nuestra vida.

Debes estar dispuesto a decir «cometí un error». La mayoría de las cosas que haces, sobre todo en el ámbito de los negocios y de tu vida profesional, demostrarán ser errores con el tiempo.

Esto no tiene nada de malo; es la manera en la que aprendemos y crecemos. Lo que sí está mal es negarse a corregir un error porque nuestro ego está empeñado en «tener la razón».

Gerald Jampolsky dijo en una ocasión: «¿Quieres tener razón o quieres ser feliz?» Eres tú quien debe tomar esa decisión.

Por último, aprende a decir «cambié de opinión» con frecuencia. Es realmente asombroso cómo algunas personas se entierran en pozos de estrés, ira, frustración e insatisfacción porque no están dispuestas a admitir que cambiaron de opinión. Este no es un comportamiento para ti. Debes tomar un poco de distancia y observar toda tu vida. ¿Hay algo en tu vida en lo que no te involucrarías hoy si tuvieras que comenzar de nuevo? Si la respuesta es afirmativa, ten la valentía de admitir que cometiste un error (cosa que todos hacemos) y luego toma las medidas necesarias para efectuar un cambio.

Solo existen cuatro maneras de cambiar la calidad de nuestra vida: se puede hacer *más* de algunas cosas y se puede hacer *menos* de otras. Se puede *comenzar* algo que no se estaba haciendo y se puede *dejar* de hacer algo de manera definitiva. Tú, ¿qué harás?

Reorganiza tus actividades

Toma distancia y observa tu vida. Especialmente, examina aquellas partes que te causan estrés y frustración. ¿Cómo reorganizarías esas áreas para poder hacer cada vez más de lo que te da la mayor felicidad y cada vez menos de otras cosas?

Reorganiza tu vida para poder hacer más tareas de naturaleza similar al mismo tiempo. Comienza un poco más temprano, esfuérzate un poco más, quédate un poco más tarde. Haz varias tareas a la vez, en lugar de distribuirlas en el tiempo. Piensa continuamente en cómo podrías reorganizar tu vida para simplificarla y mejorarla.

Reestructura tu trabajo

Recuerda aplicar la regla del 80/20 a todo lo que hagas. El ochenta por ciento del valor de todo lo que haces se resume en el veinte por ciento de las medidas que tomas. Esto significa que el ochenta por ciento de las cosas que haces tienen un valor escaso o nulo.

El secreto para reestructurar tu trabajo (y tu vida) es dedicar cada vez más tiempo al veinte por ciento de las actividades que más contribuyen a tu vida y a tu trabajo. Al mismo tiempo, es necesario dedicar cada vez menos tiempo a aquellas cosas que contribuyen poco. A veces, se puede simplemente dejar de hacerlas.

El peor uso del tiempo consiste en hacer muy bien aquello que no es necesario hacer.

Rediseña tu vida personal

El proceso de reingeniería se basa en la práctica de reducir los pasos de cualquier proceso. En el ámbito de los negocios, alentamos a las personas a que hagan una lista de todos los pasos incluidos en un proceso de trabajo específico y luego buscamos una forma de reducir la cantidad de pasos en, al menos, un treinta por ciento de una vez. Por lo general, es una tarea sencilla.

Existen tres claves para rediseñar tu vida personal a fin de reducir pasos y simplificar tus actividades:

Primero, delega todo lo que puedas en otras personas. Cuantas más cosas poco importantes delegues, más tiempo tendrás para hacer las cosas que solo tú puedes hacer y que marcan una verdadera diferencia.

En segundo lugar, subcontrata todas las tareas de la empresa que puedan hacer otras organizaciones especializadas en ellas. La mayor parte de las empresas están hasta el cuello de actividades que otras organizaciones podrían hacer por ellas mejor, con mayor eficacia y, por lo general, con menor costo.

En tercer lugar elimina todas las actividades que tienen un valor nulo o escaso. Tal como dijo Nancy Reagan, «simplemente, di que no» a todo lo que no implique el mejor uso de tu tiempo.

Reinvéntate con regularidad

Imagina que tu empresa, tu trabajo y tu vida profesional desaparecieran de la noche a la mañana y que tuvieras que volver a comenzar. ¿Qué harías de otra manera?

Imagina que tuvieras que recombinar tu formación y tu experiencia para emprender una nueva carrera profesional o ingresar a un nuevo campo de actividad. ¿Qué es lo que más te gustaría hacer si tuvieras las capacidades, habilidades y el dinero necesario para hacerlo?

Reinvéntate de manera regular, al menos una vez al año. Toma distancia y observa tu vida personal y profesional. Pregúntate: «Sabiendo lo que sé, si no estuviera haciendo esto, ¿lo haría?»

Si la respuesta es «no», la pregunta siguiente es: «¿Cómo salgo de esta situación, y cuán rápido?»

Establece prioridades para todo lo que hagas

Una de las mejores maneras de simplificar la vida es reorganizarla de acuerdo con prioridades. Primero, debes darte cuenta o admitir que la mayor parte de las cosas que haces tienen muy poco valor o un valor nulo. Al establecer prioridades, enfocas cada vez más parte de tu tiempo en hacer esas pocas cosas que realmente marcan una diferencia en tu vida.

La palabra más importante a la hora de establecer prioridades es *consecuencias*. Si algo es importante, las posibles consecuencias de hacerlo o no hacerlo son importantes. Si algo no es relevante, las consecuencias potenciales de hacerlo o no hacerlo tampoco lo son.

Utiliza el método ABCDE para establecer prioridades en todos los aspectos de tu vida.

A: Tareas importantes que tienen consecuencias serias y que deben hacerse; de no hacerlas, puedes meterte en verdaderos problemas.

B: Tareas que deberías hacer y que tienen consecuencias moderadas; estas pueden posponerse mientras haces las tareas *A*.

C: Cosas agradables pero que no tienen consecuencias. Devolverle una llamada a un amigo o salir a comer con un compañero de trabajo son tareas *C*; no tienen consecuencias. No tienen un efecto en tu vida, ya sea que las lleves a cabo o no.

D: Tareas que puedes delegar en otras personas que pueden hacerlas, al menos, tan bien como tú.

E: Tareas que puedes dejar de hacer definitivamente porque ya no son tan importantes como las tareas *A*.

Esta es la regla: nunca emprendas una tarea *B* si hay una tarea *A* sin terminar; nunca hagas una tarea *C* si dejaste sin hacer una tarea *B*. No caigas en la tentación de completar primero las tareas más pequeñas.

Todos los días, al inicio de la jornada de trabajo, identifica cuál es la tarea más importante, la *A-1*. Comienza por trabajar en ella y no hagas otra cosa hasta que la hayas terminado. Esto simplificará tu vida enormemente.

Todas las horas de todos los días, pregúntate: «¿Qué es aquello que solo yo puedo hacer y que, de hacerlo bien, puede hacer una verdadera diferencia?» Una vez que encuentres la respuesta a esta pregunta, cualquiera sea, trabaja en ello más que en cualquier otra cosa.

Establece prioridades en tu vida y en tu trabajo

La única manera en la que puedes simplificar tu vida y tener más control de tu tiempo es mediante no hacer ciertas cosas. Ya estás demasiado ocupado; tienes el carné de baile lleno. Para simplificar la vida, no alcanza con aprender cómo se puede ser más eficiente y eficaz y trabajar en aun más cosas. En cambio, debes *dejar* de hacer tantas cosas como te sea posible.

Para comenzar una tarea nueva, debes interrumpir o dejar de hacer otra. Para involucrarte en algo nuevo, primero debes desistir de otra cosa. Ya estás sobrecargado; no puedes hacer más de lo que ya haces.

Practica el *abandono creativo* con aquellas tareas y actividades que ya no son tan valiosas e importantes como otras. En cambio, haz cada vez menos cosas, pero de mayor valor. Esta es la clave para simplificar tu vida.

Planifica tu tiempo de antemano

Recuerda la fórmula de las seis Ps de la planificación: «Una propicia planificación previa previene un *performance* pobre». Lo que se quiere decir con esto es que ahorras el noventa por ciento del tiempo que necesitas para hacer las cosas durante el día si planificas todos los pasos por anticipado. Es casi un milagro.

Planifica tu año por anticipado, sobre todo las vacaciones con familia y amigos. Haz las reservaciones, paga por ellas y tacha ese tiempo de tu calendario, tal como si fueran reuniones con tu cliente más importante.

Planifica cada mes por anticipado. Siéntate frente a un calendario y determina cómo utilizarás el tiempo. Te sorprenderás por cuánto más productivo eres, y cuánto más simple es tu vida, por el mero hecho de planificar los meses por adelantado.

Planifica cada semana por anticipado; de ser posible, la semana anterior. Siéntate y planifica día a día con la regla del setenta por ciento, que dice que no debes comprometer más del setenta por ciento de tu tiempo. Deja tiempo de reserva para poder cubrir emergencias y demoras inesperadas.

Planifica cada día por anticipado, preferentemente la noche anterior. Haz una lista de todo lo que tienes hacer y ordénala por prioridad. Identifica tu tarea A-1 y prepárate para que sea lo primero que hagas en la mañana.

Delega todo lo que puedas

En los comienzos de la vida profesional, debemos hacer todo nosotros mismos. Sin embargo, para crecer, evolucionar y convertirnos en personas muy eficientes y bien pagas, debemos delegar la mayor cantidad de tareas posible en cualquier otra persona que tenga la capacidad de llevarlas a cabo.

Como medida, toma tu tarifa por hora. ¿Cuánto ganas por hora? (Si ganas $50,000 dólares al año, tu tarifa por hora es $25 dólares.)

Delega todo lo que puedas a cualquier persona que pueda hacer esas tareas a una tarifa por hora menor que la tuya. A veces, simplemente es mejor sentarte a pensar y usar tus poderes creativos que hacer tareas poco rentables que consumen tu tiempo y te agotan.

Cuando delegues tareas en otras personas, asegúrate de que tengan una capacidad comprobada para hacerlas. Delegar no es abdicar. Una vez que delegas una tarea, debes supervisarla y regularla de manera de asegurarte de que se haga a tiempo y de acuerdo con la programación y el presupuesto.

Céntrate en tareas más valiosas

Sigue organizando y reorganizando tu trabajo de manera que dediques cada vez más tiempo a aquellas pocas tareas que se traducen en el mayor valor posible. La pregunta más importante relacionada con el manejo del tiempo —pregunta que te haces y respondes cada hora de cada día—, es: «¿Cuál sería el *uso más valioso* de mi tiempo en este preciso instante?»

Cualquiera sea la respuesta a esta pregunta, asegúrate de trabajar en ello a cada minuto de cada día.

Enfócate en cada tarea

Esta es una de las mejores maneras de simplificar tu vida. Selecciona la tarea más importante para ti —tu tarea A-1—, ponla en marcha y disciplínate para trabajar concentradamente en ella hasta que esté terminada. Los expertos en manejo del tiempo descubrieron que, cuando comienzas e interrumpes una tarea muchas veces, puedes incrementar el tiempo necesario para terminarla en hasta un quinientos por ciento.

Por otra parte, cuando te mantienes concentrado en una tarea, puedes reducir el tiempo necesario para terminarla en un ochenta por ciento. Esto te reporta un rendimiento de la inversión de tu tiempo y energía en la tarea del cuatrocientos por ciento. Todo ese tiempo adicional estará a tu disposición para hacer todas esas otras cosas que te dan más alegría y satisfacción en la vida.

Menos papeles

Utiliza el método TRAA para reducir la cantidad de papeles que te rodean y para sobrevivir a grandes cantidades de periódicos y revistas.

T = Tirar. Esta acción se aplica a las cosas que tiras inmediatamente sin leerlas. Por sí solo, este hábito ahorra mucho tiempo y simplifica las cosas.

R = Remitir. Se aplica a las cosas que remites a otras personas en lugar de ocuparte tú de ellas.

A = Actuar. Se refiere a las cosas de las que debes ocuparte en persona. Ponlas en una carpeta roja. Estas serán las cosas en las que trabajes a lo largo del día, de acuerdo con su orden de prioridad.

A = Archivar. Corresponde a las cosas que deben archivarse para lidiar con ellas más adelante. No olvides dos cosas: el ochenta por ciento de las cosas que se archivan ya no se refieren a otras personas; y cada vez que das la orden de que algo se archive, generas trabajo y complicas la vida de otra persona. Por ello, no hagas esto a menos que sea absolutamente necesario.

Elige la quietud

Desarrolla el hábito de dejar la radio apagada cuando viajes, sobre todo con la familia y los amigos. Cuando llegues a casa en la noche, deja el televisor apagado. Cuando dejas apagados la radio y el televisor, creas un «vacío de sonido» que atrae la comunicación, la interacción y las verdaderas alegrías de la vida familiar y personal.

Utiliza un sistema TiVo para grabar los programas que te gusten, sin comerciales, de manera que puedas mirarlos cuando lo desees y cuando te resulte más cómodo.

Cuando te levantes en la mañana, resiste la tentación de encender el televisor. En cambio, dedica unos minutos a leer algún material educativo, motivador o inspirador. Tómate un poco de tiempo para planificar el día. Tómate un poco de tiempo para pensar en quién eres y qué deseas en lugar de llenarte la mente con el ruido sin fin de la televisión y la radio.

Pon tus relaciones antes que todo lo demás

Recuerda que el mayor disfrute y la mayor satisfacción que puedes obtener en la vida proviene de tus interacciones con otras personas. Pon a las personas más importantes para ti al comienzo de tu lista de prioridades. Todo lo demás viene después.

Imagina que solo te quedaran seis meses de vida. ¿Qué harías? ¿Cómo usarías el tiempo si solo te quedaran medio año?

Cualquiera sea tu respuesta, estoy seguro de que no tiene que ver con ganar dinero o con regresar a la oficina a devolver una llamada.

¿Cómo cambiaría tu vida si mañana ganaras un millón de dólares en efectivo, libres de impuestos, en la lotería? Piensa en cómo cambiarías tu vida si tuvieras todo el dinero que quisieras o necesitaras. En prácticamente todos los casos, las personas imaginan cosas que quieren hacer con quienes más les importan.

No esperes a ganar un millón de dólares o a que solo te queden seis meses de vida para comenzar a dedicar cada vez más tiempo a las personas importantes de tu vida.

Presta muchísima atención a tu salud física

Puedes simplificar tu vida comiendo menos y mejor.

Puedes simplificarla haciendo ejercicio de manera regular y perder peso; también puedes hacerlo mediante controles frecuentes con el médico y el odontólogo.

Puedes simplificar tu vida ingiriendo los nutrientes apropiados y cuidándote muy bien.

Imagina que ahorraste dinero toda la vida y que finalmente compras un caballo de carreras que cuesta un millón de dólares.

¿Cómo *alimentarías* a ese caballo? Te aseguro que no lo alimentarías a base de comida rápida o comida chatarra, refrescos y bocadillos fritos. Le darías los mejores alimentos que pudieras encontrar en el mundo.

Tú vales diez o cien veces más que un caballo de carreras de un millón de dólares. Aliméntate con igual cuidado con el que alimentarías a un caballo de carreras de varios millones. Cuida muy bien tu salud.

Practica la soledad a diario

Tómate entre treinta y sesenta minutos cada día para sentarte en silencio contigo mismo. Tómate el tiempo para escucharte a ti, a tu voz interior.

La práctica de la soledad transformará tu vida. Es en soledad que surgen las ideas y las reflexiones que cambian todo lo que hacemos.

Cuando practicas la soledad con frecuencia, te sientes muy calmado, tranquilo, creativo y relajado. Después de estos períodos de soledad, te sentirás excelentemente bien contigo mismo y con tu vida.

La soledad es una de las alegrías más maravillosas que tenemos al alcance de la mano; además, no cuesta nada, excepto por la disciplina de sentarse en silencio entre treinta y sesenta minutos contigo mismo de manera frecuente. Inténtalo.

Resumen

Simplifica tu vida mediante la práctica de las ideas presentadas una y otra vez, hasta que se conviertan en algo automático y sencillo. Créate el hábito de buscar formas de hacer menos cosas, pero más importantes. Hazte el hábito de simplificar tu vida y, a la vez, aumentar la alegría y la satisfacción que sientes. ¡Adelante!

Índice de materias

Acerca del autor

Brian Tracy es orador, formador y consultor profesional, y es el presidente de Brian Tracy International, una empresa de capacitación y consultoría con sede en Solana Beach, California. También es millonario por derecho propio.

Brian aprendió por la vía difícil. Abandonó la educación secundaria antes de graduarse y trabajó como obrero durante varios años. Lavó platos, apiló leña, cavó pozos, trabajó en fábricas y apiló fardos de heno en granjas y haciendas.

Alrededor de los veinticinco años, se convirtió en vendedor y comenzó a avanzar en el mundo de los negocios. Año a año, a medida que estudiaba y aplicaba cada idea, método y técnica que pudo encontrar, avanzó hasta convertirse en el director operativo de una empresa de desarrollo valuada en 265 millones de dólares.

Pasados los treinta años, se inscribió en la University of Alberta y obtuvo un título en Comercio. Más adelante, obtuvo una maestría en Administración de empresas en Andrew Jackson University. Con los años, trabajó en más de veintidós empresas e industrias distintas. En 1981, comenzó a enseñar sus principios para el éxito en charlas y cursos en todo Estados Unidos. En la actualidad, sus libros, programas de audio y cursos en video están traducidos a treinta y cinco idiomas, y se usan en cincuenta y dos países.

Desde que se convirtió en orador profesional, Brian ha compartido sus ideas con más de cuatro millones de personas en cuarenta y cinco países. Ha prestado servicios de consultoría y capacitación a más de mil corporaciones. Ha puesto en práctica y comprobado cada uno de los principios incluidos en este libro. Ha llevado a varios miles de personas —incluido el mismo— desde la frustración y el bajo rendimiento a la prosperidad y el éxito.

Brian Tracy se autodenomina un «lector ecléctico». No se considera un investigador académico, sino un sintetizador de información. Todos los años, dedica cientos de horas a leer una gran variedad de periódicos, revistas, libros y otros materiales, y además escucha muchas horas de programas de audio, asiste a incontables cursos y mira numerosos videos sobre las temáticas que le interesan. La información cosechada en la radio, la televisión y otros medios se agrega a su base de conocimientos.

Brian asimila las ideas y la información sobre la base de su propia experiencia y la de otras personas, y las incorpora a su experiencia. Ha escrito más de cuarenta éxitos de venta, incluidos *Máximo rendimiento*, *Estrategias eficaces de ventas*; *Focal Point* (Punto focal) y *Las cien reglas infalibles para obtener el éxito empresarial*. Además, ha escrito y producido más de trescientos programas de aprendizaje en audio y video que se usan en todo el mundo.

Brian está felizmente casado y tiene cuatro hijos. Vive en un campo de golf en San Diego. Viaja para dar conferencias más de cien veces al año y dirige operaciones comerciales en diecisiete países. Se le considera una de las principales autoridades mundiales en los ámbitos del éxito y los logros.

Brain Tracy: Orador, formador, director de cursos

Brian Tracy es uno de los principales oradores profesionales del mundo; se dirige a más de 250,000 personas cada año en Estados Unidos, Europa, Asia y Australia.

Los discursos destacados de Brian, así como sus conferencias y cursos, se describen como «inspiradores, entretenidos, informativos y motivadores». Sus auditorios incluyen empresas en la lista Fortune 500 y negocios y asociaciones de todos los tamaños.

Llama hoy mismo para obtener toda la información necesaria para contratar a Brian para que hable en tu próxima reunión o tu próximo congreso.

Pensamiento del siglo xxi: Cómo pensar, planificar y ejecutar estrategias mejor que la competencia y obtener mejores resultados en un entorno comercial turbulento y cambiante.

Estrategias eficaces de venta: Cómo pensar, ejecutar y vender más que la competencia mediante las estrategias y tácticas de ventas más avanzadas y modernas.

La psicología del éxito: Cómo piensan y actúan los mejores en cada aspecto de su vida personal y profesional. Aprenderás incontables estrategias y métodos prácticos y comprobados para lograr el máximo desempeño.

Liderazgo en el nuevo milenio: Cómo aplicar los principios de liderazgo más eficaces jamás descubiertos para dirigir y motivar y obtener mejores resultados, más rápido que nunca.

Brian personaliza meticulosamente sus conferencias de acuerdo con el auditorio y sus necesidades.

Visita Brian Tracy International en www.briantracy.com para obtener más información, o llama al 858-481-2977 hoy para recibir un paquete promocional gratuito.

También puedes visitar el nuevo sitio web de Brian, *bizgrowthstrategies.com*, para obtener información sobre cómo incrementar la rentabilidad de tu negocio.